EL SORPRENDENTE MUNDO DE LA BOLSA
Acerca del Dinero, los Toros y los Osos

© José Meli Mundi, 2010
www.TradingbySurfing.com

N° de Inscripción: 94.604

1ª edición: Junio de 1996
ISBN: 956-201-282-4
Editado por Dolmen Ediciones, Cirujano Guzmán 194. Providencia, Stgo.
Chile / Impreso por Imprenta Salesianos, Bulnes 19, Santiago, Chile.

2ª edición, Junio de 2007
Reeditado por BN Publishing para Amazon.com

3ª edición: Noviembre de 2010
Reeditado por BN Publishing
Fax: 1 (815)6428329
Contact us: info@bnpublishing.net
www.publishing.net

Dirección: Jaime Cordero
Diseño de portada: Bruno Canessa Salvo, LEADERS
Diagramación: Elba Peña Ramírez

JOSÉ A. MELI

EL SORPRENDENTE MUNDO DE

LA BOLSA

ACERCA DEL DINERO
LOS TOROS Y LOS OSOS

Análisis Técnico Bursátil mediante software
METASTOCK M.R. de **EQUIS International** M.R.

DOLMEN EDICIONES

Dedico este libro

A MI FAMILIA, *el regalo más precioso que la vida me ha brindado.*
MI PADRE, quien con su ejemplo de honestidad y trabajo me
ha ayudado siempre con sabios consejos.
MI MADRE, por entregarme siempre mucho amor.

TRIBUTO

*E*sta sencilla obra es un homenaje a don Carlos Vial Espanto-
so (1900-1995), quien dedicó su vida a esta actividad con mucha
pasión y perseverancia. Estudió derecho pero desde muy joven se
vio atraído por el mundo de la Bolsa, llegando a especializarse en
arbitrajes de los precios de las acciones que se transaban en Chile
y en Nueva York. Luego de alcanzar una importante fortuna en el
negocio bursátil fue elegido presidente de la Bolsa de Comercio
en 1933. En su carrera como empresario alcanzó la presidencia
de la Compañía Sud Americana de Vapores y posteriormente fundó el
Banco Sud Americano. Su ideario social cristiano y su generosidad hacia
la comunidad se vio expresada en su pensamiento social, a través
de la repartición de parte de las utilidades de las empresas que
dirigía, entre sus trabajadores. También realizó numerosas obras
benéficas entre las que se destacan la construcción de la maternidad
del Hospital Clínico de la Universidad Católica, el financiamiento
mes a mes de operaciones al corazón para enfermos de escasos
recursos, la creación de la Fundación Santa Ana y la Fundación
Arrayán.

Su apellido materno proviene de un título nobiliario concedido
por el Rey de España a súbditos de Galicia que lograron la proe-
za de espantar una invasión de osos que amedrentaba la ciudad.
En Estados Unidos, curiosamente los mercados a la baja se les
simboliza con la imagen de un oso, **bearish markets.**

AGRADECIMIENTOS

Agradezco a Cecilia, mi compañera de toda la vida, por haberme dado la libertad para arriesgar nuestros ahorros en esta aventura de especulación bursátil, y por haber creído en mí. La investigación de un método de análisis está más allá de meros ejercicios estadísticos, y nadie que no arriesgue en serio su capital, podría desarrollar un verdadero conocimiento sobre el tema. No basta tan sólo un análisis racional para penetrar los misterios de la ciencia bursátil, sino que además se requiere experimentar la vivencia, para de este modo anclar el conocimiento y modificar el comportamiento en la toma de decisiones.

Agradezco a Cecilia por haber sido mi gran colaboradora, en la búsqueda de material bibliográfico y porque, además, a lo largo de mi vida me ha enseñado, con su ejemplo de alegría y generosidad, a dar antes de recibir.

Agradezco a mi maestro en el tema bursátil, Sr. Carlos Madrazo, por haberme introducido al Análisis Técnico de la Bolsa. Carlos me enseñó que si bien los **bulls and bears** pueden suscitar fuertes emociones, siempre debe actuarse fría y racionalmente frente al mercado. Gracias a su aporte desinteresado, he podido desarrollar y llevar a la práctica un sistema propio de análisis, y estaré siempre agradecido por sus enseñanzas acerca del mercado.

Agradezco al autor del software MetaStock, el Sr. Steven Achelis, por haberme acogido en forma generosa, y animado a la publicación de este libro.

Mis agradecimientos a mi autor favorito en temas bursátiles, el Sr. André Kostolany, cuyo estilo y enseñanzas me han marcado.

Agradezco a mis colegas de trabajo por haberme servido de frontón para defender mis ideas acerca de la Bolsa, a la vez que les ofrezco mis disculpas por las veces que estuve equivocado.

Agradezco la paciencia que tuvo mi familia para soportar, por un largo tiempo, mi obsesión con el tema, y tolerado mi mal genio, mientras trabajaba en el libro.

Agradezco a Dominga, negra perrita quiltra, quien transformó la dinámica interna de nuestra familia, y ha sido mi fiel compañera en las largas noches de trabajo, mientras escribía.

INDICE

PROLOGO   15

PRIMERA PARTE
INTRODUCCION

La búsqueda   21
Capítulo I. INTRODUCCION   23
Capítulo II. ACERCA DE LOS TOROS Y LOS OSOS   31
      Fábula de toros   33

SEGUNDA PARTE
EL DINERO

Capítulo III. ACERCA DEL DINERO Y LA RIQUEZA   37
      Las enseñanzas de Jesús   38
      Acerca del dinero y la riqueza   38
Capítulo IV. ACERCA DEL DAR Y EL AGRADECER   41
Capítulo V. QUE ES Y PARA QUE SIRVE EL DINERO   45

TERCERA PARTE
COMO FORMAR UN CAPITAL

Capítulo VI. CAMINOS PARA FORMAR UN CAPITAL 57
Capítulo VII. LA TRAMPA DEL CONSUMO Y LAS DEUDAS 61
    Tomando el control de sus deudas........................... 64
Capítulo VIII. ACERCA DEL AHORRO 69
Capítulo IX. EL PODER ESCONDIDO DEL AHORRO 73
    Monto fijo inicial, por una sola vez 73
    Monto de ahorro en cuotas mensuales 78
    ¿Comprar casa o arrendar?................................. 82
    Acerca del endeudamiento 84
Capítulo X. COMO ACELERAR LA RENTABILIDAD DE SU CAPITAL 85

CUARTA PARTE
LA BOLSA

Capítulo XI. QUE ES LA BOLSA 91
Capítulo XII. BREVE HISTORIA DE LA BOLSA 95
    La Bolsa en Chile... 97
    Las principales plazas financieras mundiales.................... 98
    Las Bolsas de Extremo Oriente y América Latina................ 101
Capítulo XIII. COMO FUNCIONA LA BOLSA 103
Capítulo XIV. EL DESAFIO DEL MERCADO 107
    Una aproximación diferente al mercado: El análisis técnico bursátil ... 110
Capítulo XV. DOS ESCUELAS PARA ANALIZAR EL MERCADO 111
    El Análisis Fundamental Bursátil............................. 112
        a. Relación Precio / Utilidad 113
        b. Rendimiento en Dividendos 114
        c. Valor Bolsa / Valor Libro............................ 115
    El Análisis Técnico Bursátil................................ 116
Capítulo XVI. EL ANALISIS FUNDAMENTAL VERSUS EL ANALISIS TECNICO ... 119
    Cómo se concilia el Análisis Fundamental con el Análisis Técnico.... 121
Capítulo XVII. EL JUEGO DE LOS ASTUTOS Y LOS INGENUOS 125
Capítulo XVIII. DESARROLLO DE LOS CICLOS 129
Capítulo XIX. ACERCA DE LOS ESPECULADORES 137
    Acerca de las características que debe tener un buen especulador 142
Capítulo XX. LA TRAMPA DEL EGO 145
Capítulo XXI. ACERCA DE LA LEY DE MURPHY 153
Capítulo XXII. ACERCA DEL VALOR DE LAS NOTICIAS 157

QUINTA PARTE
UN SISTEMA DE ANALISIS

Capítulo XXIII. CONCEPTOS Y HERRAMIENTAS ESTADISTICAS PARA
    EL ANALISIS TECNICO 165
Capítulo XXIV. SISTEMA DE INTERPRETACION Y PROCEDIMIENTOS 199
    Desarrollo de un sistema 200
    Señales de Entrada o Compra 202
    Señales de Salida o Venta 207
    Comentarios generales...................................... 212
Capítulo XXV. ACERCA DE LOS CORREDORES 215
Capítulo XXVI. DIEZ RECOMENDACIONES UTILES 221

SEXTA PARTE
CONCLUSIONES

Capítulo XXVII. RESUMEN Y CONCLUSIONES 229

BIBLIOGRAFIA 239

PROLOGO

Conocí hace ya más de quince años al autor de este interesante libro. Su brillantez, precisión en el análisis y claridad en la resolución de problemas me han impresionado siempre muy favorablemente. En aquellos tiempos sostuvimos largas e interesantes conversaciones sobre la importancia del ahorro y su correcta inversión en la formación de una riqueza personal que lleve a niveles altos de libertad y seguridad individual. El autor ha continuado estudiando el tema, lo amplía y presenta profundamente, haciendo de este libro algo muy atractivo. Como todo aquel que realmente domina un tema, es capaz de explicarlo directamente de manera que la gran mayoría del público pueda entenderlo. Creo importante señalar que el autor transparenta en muchas ocasiones que el desarrollo de la creación de riqueza alcanza su justificación cuando está acompañado de un alto grado de responsabilidad con sus semejantes.

En la primera parte del libro, el autor aborda el viejo tema del consumo y el ahorro, cuya problemática estará siempre vigente. Con un enfoque novedoso e ilustrativo, y ayudándose con una excelente presentación gráfica, logra exponer el tema en una forma muy didáctica.

En capítulos posteriores, cuando trata el tema de la especulación, establece una relación entre ésta, el sentido del dinero y la connotación que la riqueza tiene en nuestra cultura judeo-cristiana y cristiano-católica. Se explica muy clara y oportunamente la influencia de la tradición bíblica erróneamente interpretada en los conceptos acerca del dinero y la riqueza. El análisis de esta parte de la obra concluye brillantemente apuntando a que no se trata tan sólo de acumular dinero, sino de lograr la armonía entre poseer dinero, para lograr un mejor desarrollo y libertad como personas, y el permitirnos compartir y estimular a quienes nos rodean.

En la segunda parte del libro se motiva a quienes deseen optar, con su capital, a rentabilidades mayores que las ofrecidas por el sistema financiero, a invertir en la Bolsa, pero con riesgo controlado, utilizando el Análisis Técnico Bursátil.

Aunque exista una gran cantidad de literatura, folletos y textos enciclopédicos sobre la Bolsa, el presente trabajo hace un aporte al tema desde la perspectiva del Análisis Técnico, en un lenguaje simple y al alcance de la comprensión de todos los que gusten de esta complicada área.

El libro está dirigido a los numerosos espectadores del fenómeno bursátil que siempre han mirado con interés el mercado, pero que no se atreven a ingresar a él sin una guía objetiva. En forma amena, el autor expone los principios básicos del funcionamiento de la Bolsa que permiten comprender mejor su anatomía, y por otra parte, analiza las diferentes situaciones que se producen al invertir en la Bolsa, desde el punto de vista de las emociones del inversionista que toma el riesgo.

El juego de la Bolsa es un remate de expectativas futuras del comportamiento de las empresas, y el precio de la acción no es más que el reflejo, entre otros factores, del valor esperado de las empresas que ellas representan.

Los que causan los movimientos del mercado, los fundamentalistas, ejecutan sus maniobras a largo plazo. En el intertanto, el precio de las acciones desplegará ciclos en el corto plazo, para llegar, finalmente, a coincidir con el precio final del ciclo de largo plazo. Como se plantea en el libro: "El análisis técnico es el arte de rastrear en el mercado los movimientos causados por otros, siguiendo las huellas dejadas a su paso, mediante el seguimiento de la evolución del precio de las acciones y sus volúmenes transados". Tanto fundamentalistas como tecnicistas tienen la razón.

Sabemos que es enorme la tentación de seguir las recomendaciones de los corredores y medios de comunicación, antes que obtener una opinión propia luego de un razonamiento. Para los que prueben su independencia de pensamiento, podrán tener una gran satisfacción al utilizar el análisis técnico.

Debido a que no existe forma de predecir el futuro, este tipo de análisis tiene la ventaja de ponernos en la senda de las probabilidades de ocurrencia de los sucesos. No se trata de una operación matemática exacta que tenga resultados asegurados, pero sí más probables. El lector encontrará en estas páginas las claves necesarias para interpretar, con un buen grado de acierto, el mercado bursátil en el mediano plazo, así como también una metodología de análisis para seguir la evolución del precio de las acciones y poder realizar inversiones bursátiles con riesgo controlado. La Bolsa no es un juego, pero sí, es un arte más que una ciencia.

Como señalé al comienzo, debemos sentirnos muy afortunados al tener la oportunidad de conocer este libro en el actual, presente y auspicioso estado de desarrollo de nuestro país. Quienes lean esta obra, no sólo aprenderán una técnica muy avanzada de efectuar sus inversiones bursátiles, sino que, además, lo harán de una manera interesante y amena.

Roberto de Andraca B.

PRIMERA PARTE

INTRODUCCION

LA BUSQUEDA

... y el profeta se levantó y comenzó a dirigir su discurso a la multitud reunida en el mercado de la plaza de la ciudad.

"¡Oh, hermanos míos! ¿Vosotros realmente desearíais conseguir la verdad sin tribulaciones, el conocimiento en forma fácil, grandes logros sin esfuerzo y progresos sin sacrificios?".

Inmediatamente la multitud se apiñó en torno a él y comenzó a gritar entusiasmada: "¡Sí, síí, sííí...por favor!"

"Excelente, me parece justo...", dijo el profeta. "Yo os preguntaba porque sólo quería saber... Esperáos sentados a la sombra, y si algún día descubro algo así, confiad que vendré a comunicároslo."

Cuento Sufí

Capítulo I

INTRODUCCION

"Yo no enseño.., sólo cuento."
MICHEL DE MONTAIGNE

Más tarde o más temprano, casi todas las personas se ven ineludiblemente involucradas en su vida con el tema del dinero, ya que no se puede escapar a ello, si se opta por vivir dentro de la organización de la sociedad y sus reglas. En la dimensión material del mundo en que vivimos, siempre se requiere finalmente del dinero como medio de intercambio de bienes y servicios.

Por otra parte, es natural que las personas se intriguen con las diferentes formas de obtener dinero, y principalmente con aquellas que son ingeniosas y minimizan el esfuerzo tradicional para ganarlo con el sudor de la frente.

Siendo muy joven, recién casado, en una reunión familiar en casa de mis padres, escuché a mi tío Pietro contar acerca de sus proezas y su método para jugar a la ruleta en el casino. Básicamente, su martingala consistía en elegir la docena que no hubiera salido por lo menos durante tres tiradas de la bolita, y ésa era elegida como aquélla donde la próxima bolita tendría mayor probabilidad de caer, y debía, por lo tanto, ser cargada con fichas en cada una de las doce casillas. En el caso que la siguiente bolita lanzada no cayera en dicha docena, se aumentaba la apuesta anterior, de manera tal que, si en la subsiguiente tirada salía premiado cualquier número de la docena, esta ganancia permitiría recuperar lo perdido anteriormente, y aún ganar.

Impresionado, y pensando que mi tío era un héroe por haber descubierto tan astuta estratagema para obtener dinero en forma fácil, confieso que esa noche me dormí con la cabeza llena de fantasías. Al día siguiente, con mis conocimientos elementales de estadísticas, calculé que la probabilidad de que saliera premiada la docena elegida era 95.9%, antes de llegar al tope máximo de apuesta permitido por el casino.

Entusiasmado por esta confirmación "teórica", nos entrenamos debidamente con Cecilia en la forma de cómo teníamos que hacer las apuestas, y viajamos al casino de Viña del Mar, el siguiente fin de semana, para poner la martingala a prueba.

No puedo realmente describir el júbilo que sentíamos cuando se cumplía nuestro juego, una y otra vez durante esa noche. Las ganancias no eran grandes sumas, pero nos alcanzaban para salir a comer y bailar, pagar el hotel y la bencina de nuestra flamante Citroen AX-330, para regresar a casa.

Durante varios años mantuvimos la costumbre de ir de vez en cuando al casino, hasta que, en una oportunidad conversando del tema con mis amigos René y Eduardo, me espetaron que las probabilidades por mí calculadas no eran tales, debido a que la probabilidad de ocurrencia de cada docena frente a toda tirada de bolita, era siempre 33.3%, tal como es 50% la probabilidad que salga cara o sello, en el caso del lanzamiento de una moneda, ya que éstos debían ser considerados como sucesos independientes. Es decir, la probabilidad que saliera la docena elegida no iba aumentando con el número de tiradas, sino que permanecía en un valor constante de 33.3%.

La vez siguiente que concurrimos al casino con Cecilia, me invadió la inseguridad acerca de las probabilidades de nuestra forma de jugar; ¿y si mis amigos tenían razón...? Pues sucedió, con esa carga negativa que llevaba, que esa noche perdimos en cinco minutos el dinero que teníamos disponible para apostar. Luego de ese episodio, durante mucho tiempo abandonamos la costumbre de ir al casino.

Años después hemos vuelto esporádicamente al casino a jugar, y la mayoría de las veces la martingala funciona bien. Ello se debe a que la teoría de los grandes números hace tender al equilibrio la ocurrencia de los sucesos, y por esta razón, la probabilidad de que la bolita siguiente caiga en la docena que aún no ha salido, efectivamente va aumentando.

Aprendí de ese episodio que, para ganar, se debe actuar con confianza y fe.

A raíz de esa experiencia, siempre guardé los recuerdos de las fuertes emociones que suscita el juego de azar, pero también me convencí de que el juego en el casino no era el camino para acumular dinero.

Otro episodio, relacionado con el tema del dinero, me ocurrió algunos años después, cuando estaba trabajando como ingeniero asesor en una importante empresa.

Un día, el gerente general, don Roberto, me mandó llamar y cariñosamente me anunció que iba a hacerme un regalo.

Al entrar a su oficina me empezó a decir: "Estimado José, el regalo que quiero hacerle es la revelación de un secreto acerca del dinero... La mayoría de las personas saben este secreto, pero no logran comprenderlo a tiempo". Yo, sorprendido, le escuchaba atentamente: "Ser rico es una decisión al alcance de todos...", y tomando su calculadora Hewlett Packard hizo delante de mis ojos el ejercicio simulado de colocar sistemática y disciplinadamente el equivalente de un ahorro mensual de U$300 a una tasa de interés durante 15 años. ¡Las cifras que aparecían en el visor de la calculadora, al término del período considerado, eran siderales! Efectivamente era así de fácil, sólo que debía lucharse contra uno mismo para no interrumpir el ahorro y perseverar durante 15 años...

Al día siguiente comprobé que las cifras calculadas por don Roberto eran altamente sensibles a la tasa de interés que se le aplicara al ejercicio. El sistema financiero de renta fija era la alternativa de mínimo riesgo para ahorrar, pero también era la menor tasa disponible en el mercado.

Luego, el desafío era entonces encontrar una alternativa de hacer rentar el capital ahorrado a tasas mayores de interés, con riesgo controlado dentro de lo posible, de modo que esa actividad fuera, además, compatible con mi trabajo de ingeniero.

Así fue como decidí investigar la alternativa de renta bursátil, pero invirtiendo directamente, y no a través de fondos mutuos. Ese sería para mí el verdadero desafío.

Comencé entonces a introducirme en el mundo bursátil a través de concienzudos análisis de información fundamental de las empresas, tales como: estados financieros, balances, relación precio/utilidad, valor libro, etc., lo cual era muy tedioso de realizar, y finalmente terminaba siendo también un juego de azar, si se deseaba especular en el corto plazo.

Lamentaba en esos tiempos, no poder realizar el tipo de análisis estadístico, ya que con las herramientas disponibles para realizar cálculos matemáticos era una tarea titánica, y todo el esfuerzo desplegado se consumía en engorrosos análisis que quedaban rápidamente obsoletos al finalizar cada día, sin llegar a conclusiones concretas.

Afortunadamente, con la irrupción de la era de la computación y el vertiginoso desarrollo de softwares estadísticos de los últimos años, finalmente he encontrado las herramientas y las teorías para realizar la más apasionante actividad, como hobby: el análisis técnico del mercado bursátil, es decir, el seguimiento de los precios de las acciones para estimar las tendencias del mercado, basándose en indicadores estadísticos.

El atreverse a este "juego", con el firme propósito de triunfar, significa someterse a un verdadero entrenamiento para dominar las emociones humanas que surgen espontáneamente, y que lo impulsan a tomar decisiones contrarias a las correctas. En esta actividad entra a jugar la naturaleza humana como un factor importante en las decisiones de compra o venta de acciones, las cuales estarán influenciadas, inevitablemente, por emociones y sentimientos, como el susto, la ambición, la excesiva confianza, la negligencia, el riesgo desmedido, la insensatez, la tenacidad, la fortaleza, la paciencia y, muchas veces, la incapacidad de reconocer frente a los demás el haber cometido un error, antes que las pérdidas sean demasiado grandes.

Frente a las bajas repentinas de los mercados, el impulso natural será asustarse y vender, aunque sea a un precio más bajo al cual se compró, para, de este modo, sentirse a salvo; o al contrario, sumarse a la euforia de compra en los ciclos de alza de precio y quedarse clavado con acciones compradas en su punto máximo de precio, mirando atónito luego como bajan.

El sólo intentar dominar estas emociones e impulsos, es una experiencia de crecimiento interior que vale la pena.

Un sistema de análisis que "funcione" es la quimera buscada por muchos, durante largos años; pero con el desarrollo que ha alcanzado la computación y la informática, hoy puede ser una realidad. Sin embargo, todo sistema de análisis estará siempre acechado por la tentación de interpretar emocionalmente las situaciones bursátiles, ya que, por nuestra naturaleza humana, tenderemos a verlas como deseamos que sean, y no como realmente son. El sistema propuesto en este libro tiene una lógica incorporada y permite detectar señales de compra y criterios de venta en forma objetiva, ayudando, de este modo, a liberarse de la trampa de las emociones.

Durante el desarrollo de esta obra, la cual en un principio tenía sólo un alcance técnico bursátil, fue imposible abstraerme de la necesidad de investigar acerca del significado y el uso del dinero, para el ser humano. Esta parte del trabajo ha sido tanto o más interesante que el trabajo técnico desarrollado, ya que me aportó el soporte espiritual y filosófico sobre el tema.

Debo confesar que durante un tiempo, todo lo que había desarrollado hasta entonces sobre la Bolsa y el dinero perdió el significado, y me pareció casi un inútil juego infantil, comparado con la verdadera misión que tenemos como seres humanos sobre el planeta. Más tarde comprendí que la relación con el dinero, en el mundo físico en que nos manejamos, es ineludible y será mejor llevarla a cabo en la forma más inteligente posible, poniéndola al servicio de nosotros, para lograr un mejor desarrollo integral como personas.

Los grandes pensadores han venido repitiendo desde siempre y en forma apasionada la gran pregunta: ¿Está moralmente justificada la ambición y la posesión del dinero? Es imposible un juicio objetivo. Todo depende de la posición filosófica de cada uno.

El dinero tiene un halo de misterio. Mucha gente gasta su vida entera tratando de obtenerlo, y algunos, incluso, hasta mueren en el camino; pero a veces, cuando lo obtienen, se dan cuenta de que igualmente no son felices.

Resulta lógico y natural que el hombre quiera poseer dinero. El dinero ayuda a conseguir independencia y comodidades, ofrece pequeñas alegrías y satisfacciones; pero existe el gran riesgo de caer subyugado ante él, por el poder que otorga, y puede suceder que, finalmente, la persona termine siendo un esclavo del mismo, dedicado a cuidarlo y no el dinero a su servicio, perdiendo a su vez toda ética en el comportamiento social con sus semejantes.

No se trata solamente de acumular dinero, sino de lograr la armonía entre poseer dinero, para lograr un mejor desarrollo material, y el compartirlo con quienes nos rodean como enriquecimiento intelectual y espiritual. Esto sí es ser rico.

Para la mayoría de los seres humanos que no tienen dinero, el ganarlo es una necesidad cotidiana. Para otros, significa un placer, y no por el dinero en sí, sino porque se trata de una ganancia en el verdadero sentido de la palabra. El "jugador" de la Bolsa vive casi una auténtica embriaguez cuando el dinero lo gana con ideas que demuestran su validez al verse confirmadas por el mercado. La satisfacción de haber ganado racionalmente es para él una alegría aún mayor que obtener el dinero mismo. No puedo evitar en mi interior un duelo permanente entre dos personalidades. Mientras una me aconseja por razones éticas no participar en la especulación, la otra se frota alegremente las manos, de sólo pensar en el posible beneficio y lo excitante de la experiencia.

Para aplicar al mercado bursátil las herramientas y criterios estadísticos descritos en este libro, se requiere alimentar con información una base de datos en forma diaria, manejada en un computador.

El éxito en el mercado bursátil será el premio para aquellos que logren mantener la base de datos al día, para ser interpretada con esmero, perseverancia y rigurosidad en la aplicación de los procedimientos que se adopten.

Este libro no pretende abarcar toda la información existente relativa al análisis técnico, ya que el campo que abarca este tipo de estudios es muy amplio y está cambiando continuamente. Pero lo que sí me atrevo a asegurar es que los principios básicos del funcionamiento de los mercados y la forma de actuar de las personas, no cambiarán jamás.

Este libro encierra la sabiduría de gente con experiencia de largos años en el tema, y podrán entender mejor su verdadero significado quienes hayan tenido alguna vivencia real con el mundo de la Bolsa.

Si el lector busca un tratado de economía y estadísticas se va a frustrar. Si quiere entrar en una aventura de sugerencias y conceptos con los que puede o no estar de acuerdo, se va a entretener. Como dijo Voltaire, el único pecado imperdonable es el no ser entretenido.

Capítulo II

ACERCA DE LOS TOROS Y LOS OSOS

Bajo el emblema de la Bolsa y el signo de la especulación, se encuentran enfrentados el toro y el oso, tratando de conseguir, cada uno de ellos, el triunfo. Frente al imponente oso, el *bear*, se alza el *bull*, el toro de fuerza tremenda, que arremete contra todo lo que se cruza en su camino y, de una cornada, lo lanza hacia arriba. En el fragor de la lucha, el toro trata de derribar al oso, el cual por su parte, espera el momento de atenazar al toro con sus potentes garras, para estrangularlo. Ellos simbolizan así los ciclos al alza y a la baja del precio de las acciones.

En todas las Bolsas del mundo los *bulls* y los *bears* se desafían y luchan con métodos, a veces salvajes. El resultado de esa lucha no depende sólo de la constancia de los adversarios, ni tampoco de sus fuerzas. Existen también otros poderes de tipo estratégico, táctico y de dominio de las emociones humanas, que se suman a la lucha, a la hora de la victoria final.

En estas lides bursátiles, se ha llegado incluso a construir adjetivos tales como *bullish*, para describir mercados al alza, y *bearish* para mercados a la baja. El uso de estos términos no sólo es de Nueva York o Londres, sino de todo el mundo. Nadie fuera del ambiente bursátil entendería a quien le hablara en esta jerga taurina, pero sí todos entenderán, sin lugar a dudas, que una tendencia *bullish* es un síntoma tranquilizador.

El término *bearish* tiene su origen en Estados Unidos, donde se cuenta que algunos cazadores vendían la piel del oso antes de haberlo cazado. Equivalen hoy en día a aquellos que cuentan con la baja del mercado y especulan confiando en ella, es decir, venden una acción que no poseen y que piensan adquirir posteriormente.

El precio de una acción es la resultante de la lucha entre el toro, el comprador, y el oso, el vendedor. Los toros empujan los precios hacia arriba y los osos arrastran los precios hacia abajo. La dirección en que se mueven los precios revela quién va ganando la lucha. El precio al cual se cierra una transacción es aquel en que un toro y un oso acordaron hacer trato. Ese precio representa el consenso de sus expectativas. Los toros seguirán pensando que el precio subirá y, por otro lado, los osos seguirán pensando que se deslizará hacia abajo.

Aparte de los toros y los osos, la contienda del mercado bursátil se puede también simbolizar como una corrida de toros. El especulador será el torero que desafiará con sus ágiles movimientos a la imponente bestia despiadada, de fuerza incontenible: el mercado. El torero triunfará cuando, después de la faena de pases y diestras verónicas, logre acertar, con su espada, la estocada final, para poner fin a la agonía de la lucha, así como el especulador logra deshacerse de una acción comprada barata, en el precio máximo de su ciclo.

Permítaseme hacer la cita de Don José Ortega y Gasset, quien se refiere a las corridas de toros en su libro *La caza y los toros*:

"El toro es el profesional de la furia, y su embestida, lejos, de ser ciega, se dirige clarividente al objeto que la provoca, con una acuidad tal que reacciona a los menores movimientos y desplazamientos de éste. Su furia es pues una furia dirigida, como la economía actual en no pocos países. Y porque es en el toro dirigida, se hace dirigible por parte del torero. Lo que hace falta es comprender la embestida en todo momento, conforme se va efectuando, y esto implica una compenetración genial y espontánea."

Si uno logra comprender a fondo la maduración y expiración del ciclo al alza de la acción estudiada, el dar la orden de venta para salirse en el momento oportuno, será equivalente a dominar el arte de la tauromaquia.

Fábula de toros

En lo alto de una colina se encontraban un toro joven y un toro viejo mirando hacia el valle, repleto de atractivas vacas pastando. El toro joven le dice al viejo: "¡Anda,...bajemos corriendo y, con suerte, podremos agarrar a unas cuantas vacas para hacerles el amor!". El toro viejo se lo quedó mirando y esbozando una sonrisa le dijo: "No, hijo. Caminemos lenta y cuidadosamente hasta abajo, y les haremos el amor a muchas más".

Mediante el uso riguroso de un sistema, que se basa en el Análisis Técnico del mercado bursátil, es posible minimizar los errores humanos, producto de decisiones tomadas en base a las emociones influidas por el ambiente, y se puede mejorar el número de aciertos al comprar una acción al precio más oportuno, para luego venderla al evolucionar a un precio mayor.

SEGUNDA PARTE

EL DINERO

Capítulo III

ACERCA DEL DINERO Y LA RIQUEZA
EN NUESTRA CULTURA

> *".... más fácil es que un camello entre por el ojo de la aguja,*
> *que un rico en el reino de los cielos."*
> (MT 19,21-24)

El tema principal de este libro es acerca de la forma de obtener dinero mediante la especulación bursátil; pero en nuestra cultura se encuentra arraigado un concepto peyorativo sobre la acumulación de dinero y más aún, acerca de la especulación. La mayoría de las personas tiene esta sensación frente al tema y será siempre beneficioso intentar averiguar cuáles son sus posibles orígenes.

Las connotaciones éticas acerca del dinero están arraigadas en nuestra cultura, la cual ha sido fuertemente influenciada por el legado de la tradición bíblica. Las normas de comportamiento, referidas a lo económico, transmitidas por el judaísmo al cristianismo y luego a la cultura europea, fueron tan sólidas que en el siglo XIX, la era industrial, el capitalismo y el libre comercio, no fueron capaces de desarraigarlas.

Las enseñanzas de Jesús
acerca del dinero y la riqueza

En Israel, durante el período helenístico, se formaron los grandes latifundios y esto fue causa de que muchas personas quedaran desplazadas o fueran absorbidas por las grandes fincas de carácter feudal. Este proceso se acentuó durante el reinado de Herodes y empezó a producir un abismo cada vez mayor entre ricos y pobres.

Este fue un período de grandes injusticias cometidas por la clase adinerada, la cual realizaba especulación aprovechándose de las necesidades de los más desvalidos, otorgaba préstamos a intereses usureros que terminaban en la ruina total del deudor, quien en muchos casos debía darse él mismo como esclavo para poder pagar sus deudas, y muchas otras prácticas poco éticas.

En este ambiente social hace su aparición Jesús, con la misión de entregar su mensaje renovador que terminaría por cambiar la "Ley del Talión" imperante, por su mensaje de amor al prójimo: *"No hagas a otros lo que no deseas que hagan contigo"*.

En los escritos podemos observar que las palabras de Jesús contienen muchas afirmaciones de crítica sobre la riqueza y las posesiones materiales. La parábola del rico y Lázaro, del labrador rico, del joven rico y muchas otras, producen la impresión de que Jesús era opuesto a los ricos y favorecía sólo a los pobres.

Sin embargo, la mayoría de los intérpretes de la Biblia no creen que Jesús condenara las riquezas ni a los ricos como tales, sino que únicamente condenaba el apego desmedido a la riqueza que hacía que las personas se olvidaran de todo principio ético.

Jesús se expresaba mediante abundantes parábolas para que las personas de aquella época entendiesen mejor sus enseñanzas, pero sus palabras terminaron siendo traducidas e interpretadas al pie de la letra por los predicadores de los dos siglos siguientes, aunque los símbolos hoy hayan cambiado y varíen de una cultura a otra.

Analizando la famosa parábola del joven rico, que acude a Jesús queriendo hacerse discípulo suyo, creyendo que él es digno porque ha guardado la ley, vemos que Jesús no le discute acerca de sus méritos pasados, ya que por sus enseñanzas podemos ver que es casi imposible observar integralmente la Ley. El joven había observado la letra de la Ley, pero Jesús le insta a observar también el espíritu de la Ley: *"Si quieres ser perfecto, vende lo que tienes y dáselo a los pobres y tendrás tesoro en el cielo, y ven y sígueme."*

Y entonces, Jesús dijo a sus discípulos: *"De cierto os digo, que difícilmente entrará un rico en el reino de los cielos. Y aún os digo, que más fácil es que un camello entre por el ojo de la aguja, que un rico en el reino de los cielos."* (Mt 19,21-24).

Para el joven rico, obedecer perfectamente al espíritu de la ley suponía renunciar a la riqueza, pero esa riqueza era precisamente lo que le había permitido observar los preceptos rituales de la ley, y no sólo le había dado un puesto en la sociedad, sino que además, constituía ésta su propia identidad.

La explicación más interesante del sentido literal de la frase final de la parábola se refiere a la dificultad del paso de un camello por el ojo de la aguja. En la ciudad de Jerusalén, en aquellos tiempos, existía una ley que prohibía, la entrada de camellos cargados con mercaderías después de la puesta del sol. Las puertas de la ciudad eran cerradas y solamente era posible ingresar a ella a través de unos pórticos laterales, mucho más pequeños y de baja altura, llamados *"ojos de la aguja"*.

Los mercaderes que deseaban ingresar después del ocaso con sus camellos, debían lograr que los animales se arrodillaran y se arrastraran para poder pasar bajo los portales. Si estaban cargados no podían arrodillarse y, por lo tanto, debían dejar la carga del lado de afuera, de la misma manera que los mortales deberemos despojarnos de los bienes materiales cuando abandonemos esta vida.

Se generaliza a menudo esta respuesta que Jesús dio al joven, como si se tratara de un mandato general dado a todos los cristianos. Pero esta interpretación podría ser inexacta. El mandamiento fue una directriz dada a este joven, arrogante a causa de su riqueza, porque Jesús detectó que era la riqueza, precisamente, la fuente de su confianza.

En sí misma, la renuncia a la riqueza no era tan importante como poner ésta al servicio de las necesidades de los demás.

Como podemos observar, en un comienzo, pareciera que Jesús fue radical en condenar la riqueza y en su llamado a renunciar a ella. Pero, examinando las cosas más detenidamente, vemos que su mensaje es una exhortación que pretende mover a las personas a que obren con solidaridad.

En la Biblia se pueden encontrar toda una gama de diferentes enfoques acerca del problema de la riqueza y su propiedad, desde las arremetidas fanáticas de algunos profetas en contra de los ricos, hasta la respuesta didáctica y serena de otros. Pero siempre el denominador común es la preocupación por el bienestar humano, y sólo difiere la forma de expresarlo a través de las diferentes generaciones.

Se puede observar que la Biblia no respalda el capitalismo puro ni la concentración de la riqueza en manos de unos cuantos, como tampoco respalda la redistribución obligatoria de los bienes. Ella exhorta a que las personas sean moderadas y prácticas en atender las necesidades de los más desvalidos.

Capítulo IV

ACERCA DEL DAR Y EL AGRADECER

"Entonces, un hombre rico le dijo: Háblanos del dar....
Y él contestó:
Dais muy poca cosa cuando dais de lo que poseéis.
Cuando dais algo de vosotros mismos, es cuando realmente dais.
¿Qué son vuestras posesiones sino cosas que atesoráis por miedo a necesitarlas mañana? ¿Y qué es el miedo a la necesidad, sino la necesidad misma?

Hay quienes dan poco de lo mucho que tienen y lo dan buscando el reconocimiento, y su deseo oculto malogra sus regalos.
Y hay quienes tienen poco y lo dan todo. Son éstos los creyentes en la magnificencia de la vida, y su cofre nunca está vacío.
Hay quienes dan con alegría y esa alegría es su premio.

Hay quienes dan con dolor y ese dolor es su bautismo.
Hay quienes dan y no saben del dolor de dar, ni buscan
la alegría de dar, ni dan conscientes de la virtud de dar.
Dan como, en el hondo valle, da el mirto su fragancia al
espacio.
A través de las manos de los que son como ésos, Dios
habla y, desde el fondo de sus ojos, sonríe sobre la tierra.

Es bueno dar algo cuando se ha pedido, pero mejor es dar
sin demanda, comprendiendo.
Y, para la mano abierta, la búsqueda de aquel que recibirá
es mayor goce que el dar mismo.

Todo lo que tenéis será dado algún día.
Dad, pues, ahora que la estación de dar es vuestra, y no
de vuestros herederos.
Decís a menudo: "Daría, pero sólo al que lo mereciera..."
¿Y, quiénes sois vosotros para que los hombres os muestren
su seno y descubran su orgullo, para que así veáis sus
merecimientos desnudos y su orgullo sin confusión?
Mirad primero si vosotros mismos merecéis dar y ser un
instrumento del dar.
Porque, a la verdad, es la vida la que da a la vida,
mientras que vosotros, que os creéis dadores, no sois sino
meros testigos."

Extraído del libro
"El profeta" de **Khalil Gibran**

La vida misma nace y se desarrolla gracias a dones misteriosos y esfuerzos humanos continuos. Habitualmente no nos detenemos a pensar en ello. Tomamos y usamos lo que tenemos a nuestra disposición sin valorarlo demasiado. Nuestros pensamientos giran preferentemente alrededor de lo que nos falta. Nos cuesta percibir que la convicción profunda del derecho de ser lo que se es, y tener lo que se tiene, depende de la capacidad de valorar y agradecer. Nada es realmente nuestro si no sabemos agradecerlo.

Hacer mal uso de lo que ha sido creado por la naturaleza o el hombre, o derrocharlo, o permitir que se destruya por desidia, es en sí mismo la negación de la gratitud. Muchas veces los valores de nuestra civilización nos hacen desestimar lo que puede tener valor, o utilidad para otros. Nos impulsan a consumir más allá de la propia necesidad, sin respetar el buen uso. Nos transmiten la exigencia de recibir, cada vez más, sin tener que agradecer. El derroche, el consumo más allá de lo que uno puede apreciar, asimilar y agradecer es un despojo, ya que se quita a aquellos que podrían necesitarlo.

La gratitud es el acto más profundo a través del cual cada uno recrea vida y vitalidad. La alegría de recibir agradecimiento es una fuente extraordinaria de energía. La gratitud no sólo se expresa en pensamiento o palabras. Está en la alegría misma de hacer, amar y responder. La gratitud está presente cada vez que sabemos reconocer lo valioso que hay en nosotros o en los demás, en todos los actos y pensamientos positivos, en la capacidad de interesarse en las personas, en el cuidado inteligente hacia uno mismo y los demás. La gratitud promueve la capacidad de amar, del mismo modo que nos enseña a saber agradecer, porque nos integra en el mundo de lo valioso. En la emoción que acompaña todo agradecimiento verdadero ya es evidente cuanto uno valora lo recibido; nos hace sentirnos más ricos, y despierta el deseo de devolver amor y atención.

Con la capacidad de agradecer logramos restablecer el vínculo con las fuerzas del universo y con nuestras propias energías positivas, porque nos reconciliamos profundamente con la vida, y nos otorgamos el permiso de gozar de lo que es transitoriamente nuestro.

Capítulo V

QUE ES Y PARA QUE SIRVE EL DINERO

"... no todo es oro lo que brilla."
DICHO FAVORITO DE MI PADRE

"money makes the world turn around, the world turn around..."
ESTRIBILLO DE LA CANCIÓN DE LA PELÍCULA CABARET

La palabra dinero, generalizada por los trovadores de la Edad Media, deriva de la palabra *denarius*, que era una moneda de plata equivalente a 10 ases que se usaba con anterioridad en la ciudad de Roma, en Italia.

Asimismo, según algunos autores, la palabra moneda deriva del verbo latino *moneo* que significa advertir. La moneda, por lo tanto, advierte su valor y lo que se puede conseguir con ella.

No está claro en su origen histórico si el dinero fue creado espontáneamente en la transición desde el trueque al intercambio monetario, o fue inventado bajo la presión de las fuerzas del mercado, para flexibilizar las transacciones comerciales. Antes de inventarse un medio circulante, se requería una plena conjunción de intereses entre un vendedor y un comprador, para el intercambio de bienes y servicios, mientras que después de la existencia del dinero no necesariamente el comprador debía tener un bien intercambiable de valor equivalente y de interés para el vendedor. Con el dinero recibido, producto de la venta, el vendedor podía conseguir luego el bien necesitado con alguien que tuviera dicho bien disponible a la venta.

¡Si el dinero fue un invento, es uno de los más extraordinarios!

Para algunos historiadores, en el origen existió la armonía dentro de las economías tribales, regidas por leyes claras y comprensibles para todos. Luego, con la invención del dinero provino el caos, la abstracción total de su significado, la acumulación privada, la explotación de unos por otros y la pérdida de la transparencia en las relaciones de intercambio. De lo que no cabe duda es que nosotros hemos creado el dinero y reproducimos, extendemos y consagramos su uso día a día.

Desde que se echó a girar la rueda del dinero, no ha cesado la polémica en torno a él, sus consideraciones morales, su impacto en las personas, su influencia en las relaciones interpersonales, o sus efectos integradores en la economía.

De lo que tampoco cabe ninguna duda es que el complejo mundo de hoy es impensable sin un medio circulante, y se duda que sin él la economía de los países hubiese alcanzado el actual desarrollo.

Como producto propio de una sociedad mercantil, el dinero, siempre es de propiedad de alguien. Como materia inconsistente ha de satisfacerse a sí mismo apuntando hacia algo que está fuera de él. Si el dinero tuviera vida propia, podríamos describirlo como un animal en búsqueda constante de dueño y de objetos o servicios en los cuales metamorfosearse, al acecho de un propietario y de un sentido en la vida. Pero el dinero no tiene esa vida; quien la tiene es su poseedor, y es él, en definitiva, quien debe buscar un sentido para su dinero.

El dinero puede ser definido en forma simple como un medio simbólico de valor que permite facilitar el intercambio de bienes y servicios. Pero en realidad es mucho más que eso. Como dice Martín Hopenhayn en un ensayo sobre el dinero: *El dinero es una especie de ninguna cosa capaz de convertirse en cualquier cosa.*

El valor del dinero es mucho mayor de lo que está escrito en un billete o en una moneda. El dinero nos permite hacer cosas que no se pueden comprar con él. Es uno de los medios que el hombre tiene para entrar en contacto con la abundancia del universo, y al mismo tiempo, nos enseña a tratar con ella. Es el vehículo que nos transporta hacia la abundancia. El dinero simboliza el fruto del esfuerzo humano. El dinero es energía que puede ser utilizada por las personas para desarrollarse como seres humanos integrales, compartiendo con quienes los rodean, y, por sobre todo, para dar libertad. Libertad económica significa no hacer nada que no se quiera, por dinero, y tampoco dejar de hacer algo que se quiera, por falta de él. Por ejemplo, si uno no puede alejarse de su lugar de trabajo, aunque sea para tomarse un descanso, entonces no se es libre. Si las obligaciones son tales que ocupan la mayor parte de su actividad emocional, entonces no se es realmente libre. Si se tiene dificultades en sostener su posición o su estilo de vida, entonces ha caído en su propia trampa y ha perdido su libertad. El dinero es un medio a nuestra disposición para mejorar la calidad de nuestra vida, asegurar al individuo mayor protección frente a la inseguridad básica, y otorgarle a su vez mayor libertad.

El tener libertad e independencia para ganarse el sustento diario es el lujo más grande al cual se puede aspirar. El verdadero millonario es aquel cuyo capital o renta no depende de nadie, y es suficiente para cubrir sus necesidades y aspiraciones.

Desde el punto de vista práctico, en el plano físico de nuestra realidad, es imposible arreglárselas sin dinero. En el mundo en que nos desenvolvemos, el dinero es el símbolo de la supervivencia. Pero también es el símbolo clave del ego. El dinero puede ser mal usado, como instrumento de poder, o para ufanarse del triunfo frente a los demás. Muchos evalúan su valer de acuerdo a sus posesiones, o al standard de vida que tienen.

Con frecuencia encontraremos que el tema predilecto de las películas del cine es acerca de un malvado personaje que busca apoderarse de dinero para tener mucho poder y subyugar a los demás, o robos ingeniosos de dinero... pero en ficción o realidad... ¿para qué el hombre se da tanto afán por conseguir dinero si, al final de cuentas, el conseguirlo no es garantía en absoluto de lograr el objetivo principal en la vida?

La vocación del ser humano es lograr la felicidad, como dijo el filósofo francés Lacordaire; pero lamentablemente, en nuestra sociedad occidental frecuentemente se confunde la felicidad con el tener cosas materiales.

Producto de lo anterior, existe una gran cantidad de personas infelices, ya que no todos poseen el dinero suficiente para satisfacer los impulsos de tener cosas.

La publicidad nos incita a una búsqueda insaciable de nuevos bienes, de nuevas experiencias, de nuevos símbolos de status y éxito. Nos bombardea con avisos intentando convencernos de que no tener lo último, lo más avanzado, es equivalente a ser desgraciado. Que la felicidad está en las cosas nuevas que se adquieren, y que para mantenerla hay que estar al día, deshaciéndose de lo viejo y comprando lo nuevo. Todo se basa en modas fugaces, y solamente lo último y más sofisticado permite mantener el status. Se nos induce a pensar que tener éxito en la vida consiste en poder seguir esa marcha frenética, siempre cambiante que nos acosa en forma permanente.

La obtención de éxito, fama, dinero o poder, tienen en común la propiedad de no garantizar una genuina satisfacción. El placer que otorgan tiene corta duración. La felicidad que producen las cosas materiales dura el tiempo que toma acostumbrarse a ellas. Una vez que eso ocurre, la nueva situación material, como la nueva casa, el nuevo automóvil, las nuevas cosas en general, se hacen rápidamente habituales y, al perder su novedad, dan la sensación de haber estado allí desde siempre, de ser parte normal de la vida. Pero en realidad, cada cosa que poseemos nos posee a su vez. Cada objeto que incorporamos a nuestra propiedad, agrega una preocupación adicional por su posible destrucción, y exige dedicarles energía y atención. Como la energía de que disponemos no es ilimitada para cuidar y apreciar los bienes, entonces fácilmente se puede llegar al derroche y el despilfarro inútil.

Para gozar la vida a costa de estas cosas habría que dedicar la existencia a tener más y más. Habría que correr y correr, como si la vida fuera un desafío por vencer. Si hubiera una montaña, habría que escalarla y llegar a su cumbre, para vencerla. Como reza una frase que me regalara mi esposa, hace algunos años: *"La felicidad se encuentra a lo largo del camino, no sólo al final."*

La filosofía oriental nos aconsejaría no preocuparnos de llegar a la cumbre de la montaña, sino gozar de su camino mirando a su alrededor, para disfrutarlo sin metas. Cada momento es todo lo que hay, y se debe aprovechar espontáneamente, tal como se nos presenta, nada más. Transformarlo en una competencia, es perderlo.

Existen personas que no gozan de gran bienestar externo y, no obstante, logran una vida plena. Pero también hay casos de personas a quienes la falta de comodidades las vuelve resentidas y les produce gran amargura, en tanto que a otros las comodidades a que se han acostumbrado, les producen tedio. Lo que parece estar claro es que la felicidad depende de algo interior al hombre, de su visión amable de la realidad y de la aceptación de sí mismo y de sus circunstancias. Mientras más sentido se le encuentre a la vida que lleva cada uno, a su familia y a su trabajo, esa vida tiene más calidad y nos lleva más cerca de la felicidad.

El poseer cosas materiales no pasa de ser un espejismo. Basta ver las caras tensas de tantos que viven para poseer cosas, sus agobios, sus enredos, sus urgencias, su desconfianza, sus reproches, su mal humor a flor de piel. Eso, definitivamente, no es la felicidad. El problema es que no existe cantidad de dinero que lo haga sentir a gusto, si no se está a gusto con uno mismo. Es cierto que en la vida no se da con frecuencia eso de que el hombre feliz era el que no tenía camisa, pero lo importante es poner el dinero en nuestras vidas, en su verdadero contexto. El objetivo principal es lograr la paz y la felicidad. El afán por conseguir acumular dinero sólo tendrá sentido si contribuye a lograr estos objetivos. De otro modo, se puede convertir en nuestro peor verdugo. Existe el gran peligro de quedar atrapado en el dinero y desconectarse de la realidad, volviéndose insensible frente a las necesidades de los demás.

Es muy posible que la felicidad sea una sensación unida a cosas muy simples como una vida libre de obligaciones que nos disgusten, un trabajo espiritualmente enriquecedor, una familia unida, un fácil acceso a la satisfacción de las necesidades básicas, la capacidad de disfrutar un paisaje, estar libre de envidia, de codicia, de ambición por tener más de lo necesario, y, por sobre todo, no percibir la vida como una lucha.

La prosperidad es mucho más que ganar dinero. La prosperidad no es tan sólo la riqueza económica, ya que la acumulación de dinero por sí sola no resuelve el problema de fondo. Hay que gozar de buena salud para disfrutarla y para lograr que continúe produciendo más riqueza. Es la prosperidad la que trae consigo el dinero. Es común encontrar a personas adineradas que actúan como si fueran pobres, y a personas pobres que se comportan como si fuesen ricas. Si alguien es adinerado pero no próspero cuando se le acabe el dinero, nunca más volverá a tenerlo. La prosperidad es un estado interior.

El acumular dinero también puede ser una experiencia de crecimiento interior, ya que puede permitir entender las sutilezas de la vida y conocer aspectos escondidos de uno mismo. La meta es lograr un desarrollo armónicamente centrado en el "ser", y no solamente en el "tener". El tener debe estar al servicio del ser.

Pero, a pesar de todo lo dicho, recordemos que el tema principal de este libro es doble: a) cómo acumular dinero, por esa misma razón era muy necesario tener claridad sobre los riesgos que encierra el dinero, y b) cómo obtener de éste beneficios reales, para desarrollarnos como individuos integrales. El deseo de ser rico, entendiéndose como el deseo de tener una vida más abundante y plena, es perfectamente normal, y no tiene nada de condenable. Es fundamental que sepamos qué es lo que deseamos en la vida, para poder fijar las metas.

Los seres humanos desarrollamos nuestra vida en tres planos: El plano físico, el plano intelectual, y el plano emocional. De los tres planos anteriores se genera un cuarto, el plano espiritual. Ninguno de éstos es mejor o más noble que el otro, son todos importantes y deseables. Ninguno de éstos puede desarrollarse plenamente, si los otros no están en plena expresión de vida. Todos sabemos acerca de las serias consecuencias de vivir solamente para el cuerpo físico, olvidándose del desarrollo intelectual y del alma. Tampoco es más noble vivir solamente para el alma y negar la mente o el cuerpo, como tampoco es recomendable vivir solamente para el intelecto, dejando de lado el desarrollo del alma y el cuerpo.

Es necesario llegar al balance perfecto de estos tres aspectos de la vida para lograr una buena armonía. La vida verdadera es la expresión máxima de nuestra entrega, a través de nuestro cuerpo, mente y alma.

No se puede ser realmente feliz o estar satisfecho, a menos que nuestro cuerpo esté viviendo en pleno todas sus funciones, así como también nuestro intelecto y nuestra alma.

En el plano físico, el uso de las cosas materiales puede contribuir a lograr la plenitud de nuestros cuerpos, desarrollo de nuestra mente y despliegue de nuestra alma. De ahí la importancia de disponer de dinero para proveerlas.

Vivir plenamente en el cuerpo significa disponer de buena comida, ropa confortable y cálido abrigo, así como de necesario descanso y recreación. Poder beber, comer y estar alegre, cuando es oportuno, no significa vivir solamente para la gratificación de los deseos, sino permitir el desarrollo pleno de todas las funciones e impulsos del cuerpo, como parte de la expresión normal de la vida, siempre que se enmarque dentro de la ética de no dañar a los demás.

En el plano intelectual, vivir plenamente significa tener acceso a la cultura, disponer de buenos libros y de tiempo para estudiarlos, oportunidades para viajar a tierras lejanas, observar otras culturas, conocer a otras personas y, lo más importante, tener una compañía intelectual. El mundo intelectual también se desarrolla en la pareja, en los proyectos de vida para sí mismos y su descendencia. Para vivir plenamente lo intelectual se debe disponer, además, de recreaciones, y rodearse con todos los objetos de arte y belleza que uno sea auténticamente capaz de apreciar.

Para vivir plenamente el plano espiritual, es necesario tener mucho amor. Es necesario aprender a sentir el mundo exterior y a sentirse uno mismo. La mayor felicidad reside en entregarnos y en el dar a los que amamos. El amor encuentra su expresión espontánea y natural en el acto de dar. Si la persona no tiene nada que ofrecer, ni material ni espiritualmente, es difícil que pueda cumplir su papel de marido o padre, esposa o madre, o como ciudadano, hombre o mujer.

Compartir con los que nos rodean y ser capaz de contribuir, en lugar de depredar en nuestro transitar por este mundo, es lo que da sentido a la vida, mientras continuamos como especie cumpliendo el plan trazado que aún no terminamos de develar. Descubrir cuál es la finalidad en la vida, significa llegar a conocer la razón de nuestra existencia en este planeta. Si todos los seres humanos procurasen saber cuál es su misión, ciertamente la humanidad se encontraría hoy en mejores condiciones.

TERCERA PARTE

COMO FORMAR UN CAPITAL

Capítulo VI

CAMINOS PARA FORMAR UN CAPITAL

"Nadie logrará ser rico
con lo que gana, sino con lo que ahorra."
BENJAMÍN FRANKLIN

Por donde comenzar, es sin duda la pregunta que primero se nos viene a la mente, cuando uno desea formar un capital. La relación con el dinero suele no ser fácil. La educación que recibimos, la sociedad en que nos desenvolvemos, y nuestro propio acondicionamiento intelectual, nos inclinan a creer que la riqueza y la buena vida son sólo para los demás, o que sólo pueden lograrse por predestinación.

El individuo que tiene un capital a su disposición tiene grandes posibilidades porque se le abre un horizonte de opciones que puede evaluar, para luego elegir la más conveniente.

De todas las formas que existen para acumular dinero, tales como: asaltar un banco, estafar a otras personas, explotar el trabajo de otros pagando sueldos bajos, traficar drogas, contraer matrimonio con una persona rica, recibir una herencia, ganarse la lotería, o trabajar y ahorrar; sólo la última es una opción que está al alcance de todos, porque depende con plena seguridad de nosotros mismos.

La única fuente legítima de que dispone un individuo es su capacidad de trabajo, y en función de éste, su capacidad de ahorro. La capacidad de generar ingresos mediante el trabajo es una condición propia de las personas, y es el vehículo de su realización. Un trabajo realizado con diligencia y entusiasmo, por simple que sea, produce un efecto positivo en la persona misma y en el grupo laboral en donde se desarrolla. El tener trabajo es una de las cosas más grandes que puede ocurrirle a un individuo.

Mas aún, el trabajar en lo que le guste, ¡es lo mejor que puede a alguien sucederle!

El trabajo es el esfuerzo aplicado, es aquello a lo cual consagramos nuestras energías para lograr algo útil. En este sentido, el trabajo no es tan sólo la tarea con la cual nos ganamos el sustento, sino aquello que hacemos de nuestra vida. Aristóteles señalaba: *"La felicidad reside en la actividad tanto física como mental"*. Reside en hacer cosas de las que pueda uno enorgullecerse, y de las que, por lo tanto, disfrute realizándolas. Las mayores alegrías de la vida no son las que se apartan de nuestro trabajo, sino las que se avienen con dicha labor. Los que se pierden la alegría del trabajo, de la labor bien realizada, se pierden una parte muy importante del disfrute de su vida.

Por supuesto, uno podría "hacerse rico" robando o estafando el dinero de otros, con lo cual se lograría el objetivo de acumular dinero. Pero si se procediera de esa forma, la persona se expone a consecuencias muy graves que pueden finalmente causarle un daño irreparable. Por último, podría caer en la trampa emocional y sicológica de estar siempre sintiendo pasos tras de sí, o estará siempre esperando el momento en que será atrapado por la justicia. Estas formas de acumular dinero no cumplen el objetivo de ayudar al desarrollo personal, y, por lo tanto, no parecen ser el camino más recomendable.

Por último, está el camino de la buena fortuna que, sin lugar a dudas, existe. Pero basar la formación de un capital en la probabilidad de obtener un premio de azar, es sólo un romanticismo.

El consejo más sabio es estudiar, ya que en algunos casos permite acceder a empleos mejor remunerados, pero, sobre todo abre una puerta a la cultura, a mayor inquietud intelectual y acceso a campos modernos del conocimiento. El estudio, el trabajo y el ahorro están al alcance de todos. Lo que se requiere es perseverar.

Capítulo VII

LA TRAMPA DEL CONSUMO Y LAS DEUDAS

"Unlesss you have unlimited resources,
you cannot have everything"
RON BLUE

Una de las tareas más arduas que enfrenta el joven profesional, cuando entra al mundo laboral, es desarrollar una disciplina para no dejarse atrapar por la maquinaria del consumo descontrolado, y terminar gastando más de lo que gana, o peor aún, no ahorrar.

Si elegimos vivir bajo las reglas del sistema económico establecido dentro de la sociedad, hay sólo una alternativa: ganar intereses o pagar intereses. Las deudas son lo opuesto al ahorro, con la diferencia que el ahorro es voluntario. En el caso de las deudas, hay que pagar obligatoriamente, ¡aunque no podamos!

Cuando se tiene un monto ahorrado, éste se servirá del sistema para ganar intereses y crecer.

El sistema financiero y comercial de la sociedad donde desempeñamos nuestro trabajo está diseñado para facilitar el endeudamiento a través del consumo. Será muy frecuente encontrar todo tipo de ofertas de tarjetas de crédito entregadas sin costo a domicilio, sin cargo anual, y absolutamente gratis. Las tarjetas de crédito son el *"genio en la botella"* que nos hace entrar mágicamente en el mundo del *"hágalo realidad"*, permitiéndonos comprar todo aquello que no podemos tener.

También será usual encontrarse cotidianamente con propaganda machacándonos los oídos, tratando de convencernos de que todos los problemas se pueden solucionar acudiendo a la financiera de turno, a retirar dinero en tan sólo 24 horas. En los spots de los avisos en televisión se muestran imágenes de gente feliz recibiendo dinero como si se lo regalaran. Obviamente, la publicidad en este caso es más en beneficio del que avisa, que del usuario. Además, las tasas de interés que cobran las financieras o las casas comerciales son muy superiores a las del sistema bancario.

Una vez que el individuo está "ingresado", debe comenzar a pagar intereses al sistema, en vez de hacer trabajar al sistema para sí mismo.

Por otra parte, las ofertas que uno encuentra en la mayoría de las campañas publicitarias no son para que usted ahorre, sino para hacerle más eficiente el consumo. Rara vez ese dinero logrará separarse para ser depositado en una cuenta de ahorro.

Me atrevería a decir que cualquiera que sea el nivel de ingreso, la mayoría de las personas gasta más de lo que gana, tiene poco o ningún dinero ahorrado, tiene deudas a plazos, y carece de un plan económico de largo plazo.

La mala costumbre de gastar más de lo que se gana para vivir, es independiente del nivel de ingresos. Cualquiera que sea la cantidad de dinero que se gane, siempre se gasta todo, y aun más. Los gastos "necesarios" siempre crecen, a menos que protestemos. Nunca es suficiente... porque si se gana más, ¡se gasta más!

Se podría afirmar que nuestra generación no ha desarrollado el hábito de ahorrar para planificar la compra de un bien, dado que lo puede conseguir en forma inmediata a crédito. *"Gaste ahora, y pague mañana"*. Pero rápidamente el crédito disponible puede convertirse en un problema cuando no se tienen predeterminados los límites de los gastos. No se trata de no incurrir en deudas, pero debe tenerse presente que el endeudamiento indiscriminado puede producir grandes dolores de cabeza.

No se trata de pagar todo al contado, sólo se hace la advertencia de que el uso indebido de las deudas nos imposibilitará hacer un buen manejo de nuestro dinero.

Uno habrá experimentado que, independientemente del nivel de ingresos, a medida que fueron pasando los años, las cuentas fueron creciendo hasta parecernos abrumadoras. Finalmente, la meta de todos los meses se transformó en lograr pagar las cuentas. Pero siempre mantuvimos la noble intención de que si al final del mes sobraba algún dinero, éste se destinaría a ahorro. Pero infaliblemente, cada mes terminaba, si no "ras ras", con un saldo en contra.

Con ese estado de deudas es muy difícil pensar en los sueños que realmente nos interesa realizar, y nos diremos que cuando se terminen las deudas, entonces sí que los realizaremos. Cada mes dedicamos la mayor cantidad de dinero y energía a pagar cuentas. Incluso se llega a conseguir trabajar horas extras sólo para reducir o eliminar las deudas. En el esfuerzo por dominar el monstruo de las deudas, perdemos la calidad de nuestra vida, y la reducimos tan sólo a dos hechos: trabajar y pagar cuentas. Esta es la trampa en que la mayoría caemos; dejamos nuestra vida en suspenso mientras esperamos, y confiamos en que nuestras finanzas mejoren. Mientras tanto, las cuentas siguen creciendo, aumenta la ansiedad y se siente que la vida está en vilo.

Si la persona quiere mantenerse dentro del sistema establecido, no tiene alternativa, ya que es muy importante el comportarse como una persona responsable y cumplidora, para reforzar su autoimagen. Pero, por otro lado, el sistema no le dará tregua, conminándolo a mantener al día los pagos de los compromisos adquiridos, o de otra manera será expulsado fuera del sistema como persona *"non grata"*. Esto hace que uno esté programado inconscientemente a pagar en primer lugar las deudas, al momento de recibir el sueldo, a fin de mes.

Cuesta mucho llegar a entender que, mientras estemos vivos, es natural que haya cuentas que pagar, y que los sueños deben ser incorporados al presente y no ser postergados indefinidamente, ya que la vida que tenemos hoy es lo único que poseemos.

Finalmente entendí que las cuentas deben ocupar la dimensión apropiada en la vida, así como una de las muchas responsabilidades que debemos asumir, pero ciertamente no una responsabilidad única, abrumadora y avasalladora.

La solución de más corto plazo no es conseguir más dinero, sino aprender a manejar el dinero de que disponemos hoy. Los problemas económicos se deben resolver no tan sólo con más dinero, sino también con imaginación.

Tomando el control de sus deudas

El primer sentimiento que se nos produce es que odiamos las cuentas, y, si pudiéramos, lo primero que haríamos si tuviéramos dinero extra, sería saldarlas cuanto antes. De ahí en adelante, nos diríamos, vamos a comprar todo al contado, y nunca más volveríamos a endeudarnos. Pero la vida en el mundo real no es así. ¿Cuantas veces no hemos rebajado el saldo de deudas en las tarjetas de crédito para, al corto tiempo, estar nuevamente en lo mismo?

Lo más sensato que he encontrado, después de pasar largos años pagando cuentas, es la proposición de la autora Carol Keeffe, quien nos propone tomar el control de las deudas mirando hacia adelante. El sistema propuesto se basa en abonar el mínimo requerido, aunque suene extraño.

La mayoría de las personas dedica desesperadamente todo su esfuerzo a saldar cuanto antes todas las deudas a crédito. El problema es que pueden transcurrir años, y no podremos garantizar haberlas saldado todas. Lo más grave es que durante este período incierto de tiempo estaremos sacrificando la calidad y el goce de la vida diaria.

Lo más difícil de aceptar de este sistema es la contradicción que conlleva en sí mismo, ya que para toda persona que sabe de cálculos financieros dirá que mientras más pronto se salde la deuda, más rentable es la operación. El problema es que no se puede garantizar que esa diferencia de dinero será efectivamente ahorrada, sino que nuevamente se trasladará a mayor gasto. El punto crucial es que, mientras tanto, con el afán de salir eficientemente de dichas deudas en el menor plazo posible, se comienza a postergar la calidad de vida.

Si uno optara por abonar el mínimo al pago de las deudas, la pregunta inevitable es: ¿...y qué pasa con los intereses que estamos pagando durante tan largo plazo?

Después de muchos años de gastar casi todo el sueldo tratando de saldar las deudas, para ahorrarnos los elevados pagos de intereses, probablemente no habremos logrado ahorrar absolutamente nada. Tampoco esta vez la teoría predicada por los expertos financieros funciona en la vida real, porque si no somos capaces de materializar realmente esa capacidad de pago disponible en ahorro, ¡mal podemos esperar tenerlo! Al margen de los intereses pagados, lo que importa es lo que sí funciona.

El sistema propuesto resulta porque toma en cuenta la naturaleza humana y sus debilidades y por otra parte libera un excedente para ser destinado a ahorro y permite preservar la calidad de vida dentro de los límites que nos haga sentir recompensados luego del esfuerzo desplegado. Abonar el mínimo a las tarjetas de crédito o a las deudas, es encarar de frente el problema emocional. Estamos actuando y no reaccionando, en el supuesto que hayamos detenido el uso de las tarjetas, para ir extinguiendo en el tiempo la deuda.

Cuando hacemos un abono a la tarjeta de crédito, estamos tomando dinero de hoy y destinándolo a pagar cosas que compramos en algún momento en el pasado. Y peor aún, utilizando las tarjetas de crédito, permanecemos en la urgencia de pagarlas en primer lugar, y empezar a vivir después. Cada vez que utilicemos las tarjetas de crédito, estaremos postergando nuestra decisión de vivir y ser libres.

Obviamente, la única manera de que el sistema de abonar el mínimo funcione, es dejando de utilizar las tarjetas de crédito. Abandonar su uso es más fácil de decir que de hacer. Sobre todo si uno está acostumbrado a gastar más de lo que gana, entonces le va a tomar más tiempo y cierta cantidad de energía cambiar la tendencia. Para conseguir algo diferente, tiene que empezar a hacer algo diferente. No lograremos la libertad mientras el monstruo de las deudas controle nuestras vidas.

El plan de acción debería ser reestructurar los pasivos con una buena entidad crediticia, que le cobre una tasa de interés razonable, a un plazo suficientemente largo de modo que su actual situación de pago de deudas mensuales se vea reducido, y el excedente pueda ser destinado a ahorro.

El individuo que ha logrado formar un capital, tiene grandes posibilidades, porque se le abre un horizonte de opciones que puede evaluar. La ausencia de deudas nunca podrá compararse con la posibilidad de tener opciones para evaluar, si se tiene dinero ahorrado. Cuando se dispone de un capital ahorrado se

tiene la libertad de elegir accediendo a las opciones que automáticamente acompañan al hecho de tener dinero disponible.

Tener las cuentas pagadas no equivale a la *"felicidad"*.
Tener control sobre el dinero y tener un plan que haga realidad los sueños y cumpla metas, sí equivale a la *"felicidad"*.
El éxito en el manejo del dinero reside en descubrir qué es lo
que se desea en forma objetiva, y tratar de conseguirlo. Este
es el secreto que gatilla la motivación por el ahorro. Cuando
el ahorro no tiene un objetivo tangible, se vuelve aburrido y
se pierde el entusiasmo para llevarlo a cabo. Cuando estamos
haciendo planes o haciendo algo que realmente deseamos, nos
sentimos revitalizados, productivos y motivados. La estrategia
es lanzarse a la acción para rescatar la libertad y empezar a
planificar desde hoy sus sueños, junto con pagar las deudas.

Capítulo VIII

ACERCA DEL AHORRO

"Con relación a la práctica del ahorro, hay dos clases de individuos:
Los que saben su significado y lo llevan a cabo;
y los que a pesar de saberlo, no logran llevarlo a cabo jamás."
J. MELI

Cuando a uno le hablan de ahorrar, inmediatamente piensa en las deudas que tiene, y parece absurdo pretender hacerlo si puede destinar esos fondos a saldar dichas deudas. Pero de todos modos, nos decimos: "si a fines de mes, luego de pagar rigurosamente todas las cuentas, los gastos del mes para la casa, y si no hay ninguna emergencia, sólo entonces, si sobra algo, lo destinaré a ahorro". En mi experiencia, este método jamás ha funcionado porque siempre surgirán situaciones atractivas u "obligatorias" para gastarlo todo, y el resultado a fines de mes es ¡incluso negativo!

Es muy común actuar de esa manera. El gran problema es que así se puede pasar la vida entera esperando terminar de pagar las deudas, ya que siempre aparecerán nuevas, mientras estemos vivos. Como dice la autora Carol Keeffe, "ni siquiera después de muertos terminaremos de generar deudas".

Durante muchos años quizás habremos intentado diferentes métodos y sistemas con el objetivo de controlar los gastos, para lograr un excedente destinado al ahorro. Incluso no sería raro que hubiéramos intentado llevar las cuentas con el computador, para sólo conseguir saber al final de mes, con una exactitud impresionante, cómo se había gastado hasta el último centavo, pero nunca logramos que ese sistema nos ayudara a generar un saldo para ahorro.

Un sistema que da resultado en la práctica consiste en apartar la cantidad que se desea ahorrar al comienzo del mes, ya que de esta forma enfrentaremos la debilidad de nuestra naturaleza humana, que intentará traicionar el objetivo propuesto, traspasando a consumo los excedentes destinados a ahorro. Uno está programado mentalmente para pagar en primer lugar las deudas, al momento de recibir el sueldo de fin de mes, ya que el "sistema" no le dará tregua, conminándolo a mantener al día los pagos de los compromisos adquiridos, o de otra manera, será expulsado fuera de él. Este temor hace que cuando recibimos el sueldo, uno termine pagándoles a todos, menos a uno mismo, que es quien trabajó para ganar aquel dinero. Recuerde que es legítimo que una parte de lo que usted gana sea para que la ahorre.

Vencer la inercia para tomar la decisión de pagarnos a nosotros mismos, antes de pagar las deudas, es realmente difícil. Si lo dejamos para fines de mes, lo más probable es que no estemos dispuesto a hacerlo porque el valor marginal de los últimos pesos que nos quedan en los bolsillos para terminar el mes, tienen un valor altísimo para nosotros por la sencilla razón que ¡es todo lo que nos queda!

Por eso es que cuando la persona se inicia al mundo laboral, tomando en cuenta lo difícil que es poner en práctica el ahorro, y, por otra parte, considerando que en esa etapa de la vida los jóvenes suelen formar un hogar y necesitan dedicar su atención a consolidar la relación de pareja, es recomendable elegir una opción automática de ahorro. Esto permitirá, además de lograr el objetivo de formar un capital, disponer de mayor tranquilidad para dedicar toda la energía para desarrollarse en el plano laboral y familiar, durante los primeros diez años. Una alternativa de ahorro automático es solicitar a su empleador que le descuente por planilla mensualmente un monto que usted determine, y se lo deposite a interés en una cuenta de ahorro.

Para poder ahorrar, no se debería vulnerar la proporción de deudas versus ingresos. Hay que mantener ciertas relaciones estudiadas. Dependiendo de los ingresos, hábitos y el nivel de vida de cada grupo familiar, varía, pero se puede establecer con un buen sentido común, una proporción como la siguiente:

1) 10% ahorro.
2) 25% dividendo hipotecario o arriendo.
3) 20% intereses, cuotas préstamos y emergencias.
4) 45% gastos de mantención del hogar.

La clave del éxito de este sistema reside en que, una vez que se distribuyen los dineros y se asigna un monto para los gastos de mantención del hogar, todos los gastos, desde el jabón hasta la comida del perro, tendrán que provenir de la cantidad que quede, porque no habrá más dinero hasta el mes siguiente. ¡¡Ese es todo el dinero de que se dispone para llegar hasta el próximo fin de mes!!

Cuando hagamos esto, lograremos una sensación de alivio y control. Se acabaron los autoengaños y los juegos. Lo que tenemos como ingresos menos las cuentas, incluido el ahorro, constituye el saldo automático y límite de nuestros gastos hasta fin de mes.

Una de las razones por la cual muchos no ahorran, es que actúan desmereciendo las pequeñas cantidades y se proponen metas muy altas, o nada.

En el caso de que usted sea de las personas que no ha aprendido a ahorrar, lo más probable es que el sentimiento que le sobrevenga, cuando tome conciencia del verdadero potencial que encierra el ahorro, y mire retrospectivamente su vida laboral, sea de impotencia. Le cabrá íntimamente la certeza de que pudimos haberlo llevado a cabo, mas la desidia y el hábito del consumo, nos la ganó. Como justificación y consuelo nos diremos que nunca nos sobró ni un solo peso al final del mes, para ser ahorrado. ¡Todo lo contrario, muchas veces terminamos el mes con un saldo en contra! Es difícil mirar hacia atrás y ver tantos años transcurridos de amortizaciones de deudas y postergaciones de sueños, ¡sólo para descubrir que estamos; en el mismo lugar donde empezamos, respecto al ahorro!

Lo más importante es *empezar* a pagarse a usted mismo, es decir, a ahorrar.

Estoy absolutamente convencido de que cualquiera podría seguir viviendo casi exactamente igual si su ingreso fuera 5 ó 10% inferior a su ingreso actual, y destinar ese monto al ahorro. Haga cualquier cosa que funcione para realmente empezar, pero ¡hágalo ya!

Muchas personas están tan ocupadas trabajando, que no tienen tiempo para ganar dinero. Como veremos a continuación, el trabajo por sí mismo no produce gran acumulación de dinero, pero sí puede hacerlo el hábito del ahorro sistemático.

Capítulo IX

EL PODER ESCONDIDO DEL AHORRO

"El ahorro, como el árbol,
crece a partir de una pequeña semilla."
J. MELI

"El tiempo es oro."
SABIO PROVERBIO

En este capítulo analizaremos las diferentes formas de ahorro que es posible desarrollar dentro del sistema financiero establecido.

Cuando nos refiramos al ahorro lo haremos pensando que el objetivo es formar un capital en el largo plazo, cuyo monto sea tan importante que pueda otorgarnos incluso la libertad de vivir de él. Por lo tanto, para el ahorro de corto plazo con el objetivo de darnos pequeños gustos, muchas de las afirmaciones serán válidas, pero no serán analizadas.

Como nos lo enseñaran, sin mucho entusiasmo en el colegio cuando pequeños, hay dos formas de producir el ahorro, para que crezca en el tiempo.

Monto fijo inicial, por una sola vez

Este sistema se refiere a destinar un monto inicial y mantenerlo durante un tiempo de largo plazo colocado en el "sistema", a una tasa de interés conveniente. Este sistema no considera aportes de ahorro en forma mensual, sino que es el caso típico de la persona que recibe una cantidad importante de dinero y desea hacer algo más con ella que gastársela en el consumo de tantas cosas atractivas publicitadas.

La presentación del resultado de este sistema se hará en forma gráfica, ya que el lenguaje visual es mucho más claro y grato para hacer simulaciones. Ha sido comprobado que los resultados presentados en forma de tablas numéricas requieren un doble esfuerzo para el lector para asimilar su mensaje, y muchas veces no logra el objetivo de transmitir adecuadamente la información.

La fórmula y nomenclatura utilizada para la construcción del Gráfico N° 1 es la siguiente:

M = Monto Inicial, expresado en U$.

F = Valor Futuro, expresado en U$.

r = Tasa de interés mensual, expresada en %.

n = Número de años.

$$F = M * (1 + r / 100) \wedge (n * 12)$$

Como se puede observar, el valor futuro es directamente proporcional a la cuota inicial de ahorro. Para comodidad del lector, el monto inicial invertido que aparece en el Gráfico N° 1 es 1 U$, de manera que pueda multiplicarse el resultado obtenido por el equivalente del monto inicial de cada persona en particular, que desee hacer su propio ejercicio.

Gráfico N° 1

Valor futuro de 1 US$ ahorrado hoy y mantenido durante diferentes plazos a distintas tasas de interés mensual

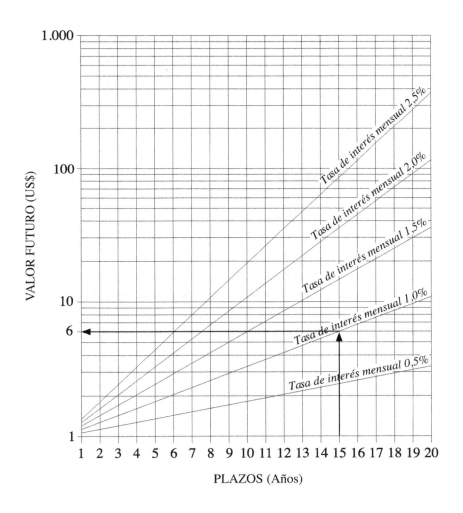

Comentario del gráfico:

Para efectos de análisis, y en consideración a aquellos que llevamos ya unos cuantos años de vida laboral transcurrida, me permitiré tomar para el ejemplo un período de largo plazo de 20 años. Para los jóvenes, pensar en un período de 20 años hacia adelante podrá parecerles toda una vida; pero en cambio para un adulto de 40 años o más, mirar hacia atrás es como cerrar los ojos, y darse cuenta de que fue casi ayer cuando tenía veinte. Seguramente debe ser porque mirar el camino cuando ya se ha transitado es mucho más fácil, que para un joven, a quien la incertidumbre natural del futuro lo hace evadirse en las entretenidas actividades del presente, con todo un mundo por delante por explorar.

En el gráfico, la tasa de interés mensual aparece parametrizada en líneas que van desde 0.5% hasta 2.5%. Dependiendo de la capacidad de la persona para tomar riesgo con sus ahorros, existen diferentes opciones que van desde las muy seguras hasta otras "menos" seguras.

Por ejemplo, se considera opción segura los depósitos a plazo en cuentas de ahorro del sistema bancario, las cuales han dado en promedio, en los últimos 15 años, alrededor de una tasa de interés de 0.5% real mensual.

Se considera como opción de mediano riesgo, por la composición de renta fija y renta variable, la opción de las cuentas de ahorro de los Fondos de Pensión, cuya rentabilidad promedio, desde que se inició el sistema en Chile en 1981, ha sido alrededor de una tasa de interés de 1.0% real mensual.

Se considera como alternativa de mayor riesgo la de ahorrar en cuotas de Fondos Mutuos Accionarios, los cuales han tenido en los últimos 15 años una rentabilidad promedio de alrededor 1.6% de interés real mensual.

Resultados:

Para la opción de mínimo riesgo, 0.5% como tasa real mensual, el monto inicial de 1 U$ hace veinte años se ha transformado en 3.5 U$. Si suponemos que la cantidad inicial fuera U$ 10,000, entonces al término del período habremos obtenido U$ 35,000.

La rentabilidad promedio anual del período fue 12.5%. Si bien en términos de rentabilidad, la cifra no es tan baja, debemos admitir que no impresiona a nadie.

Para la opción de riesgo medio, 1.0% como tasa real mensual, el monto inicial de 1 U$ se ha transformado en 11 U$. Si suponemos que la cantidad inicial fuera U$ 10,000, entonces al término del período habremos obtenido U$ 110,000.

La rentabilidad promedio anual del período fue 50%. ¡La cifra obtenida no está nada de mal!

Pero si analizamos la opción de riesgo mayor, 1.6% como tasa real mensual, el monto inicial de 1 U$ se ha transformado en 45 U$. Si suponemos que la cantidad inicial fue U$ 10,000, entonces al término del período habremos obtenido U$ 450,000.

La rentabilidad promedio anual del período fue 220%. ¡¡La cifra obtenida es realmente increíble!!

La rentabilidad promedio mensual alcanza estos increíbles niveles debido al efecto exponencial de incremento del capital en los últimos años del período.

La conclusión más interesante aún es que optar por la opción de "mayor" riesgo en un período de 20 años, no involucra tal riesgo. Probablemente la rentabilidad de cada año tendrá sus oscilaciones a lo largo del período, pero como se trata de plazos largos, las posibles fluctuaciones que se presenten, no lograrán afectar la rentabilidad al final del período. Siempre se comete el error de trasladar el concepto de riesgo de los

Fondos Mutuos Accionarios en el corto plazo a objetivos de largo plazo, lo cual no es aplicable.

Monto de ahorro en cuotas mensuales

Este sistema se refiere al ahorro sistemático llevado a cabo en forma mensual, el cual será mantenido acumulativamente en el "sistema", a una tasa de interés conveniente. Este sistema no considera aporte al inicio del período, sino que es el caso típico de la persona que, de la única fuente de ingreso mensual, logra desviar una suma destinada a ahorro.

Al igual que en el caso anterior, la presentación de este sistema se hará en forma gráfica, por las ventajas que representa.

P = Cuota Mensual de Ahorro, expresada en U$.

F = Valor Futuro, expresado en U$.

r = Tasa de interés mensual, expresada en %.

n = Número de años.

$$F = P * 100 / r * ((1 + r / 100)^{(n * 12)} -1)$$

Como se puede observar, el valor futuro es directamente proporcional a la cuota mensual de ahorro. Para comodidad del lector, el monto mensual de ahorro que aparece en el Gráfico N° 2 es de 1 U$, de manera que el resultado pueda multiplicarse por el equivalente del monto mensual ahorrado por cada persona en particular, que desee hacer su propio ejercicio.

Gráfico N° 2

Valor futuro de 1 US$ ahorrado mensualmente durante diferentes plazos y tasas de interés mensual

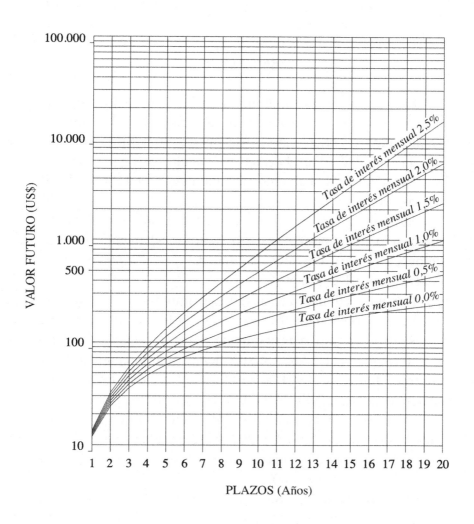

Comentario del gráfico:

Para efectos de análisis, al igual que en el caso anterior, el período será un plazo largo de 20 años.

Se desarrollará el análisis de las tres alternativas de tasa de interés que ofrece el mercado, en función del "riesgo" que la persona desee tomar.

Resultados:

Para la opción de mínimo riesgo, 0.5% como tasa real mensual, el monto mensualmente ahorrado de 1 U$ durante veinte años se ha transformado en U$ 462. Si suponemos que la cantidad total ahorrada en cuotas fue de U$ 240, al término del período habremos obtenido una rentabilidad global de casi 90%.

Si el ahorro mensual, en vez de haber sido de 1 U$, hubiese sido por ejemplo U$ 300 (aproximadamente 10 UF.), entonces la cifra obtenida al final del período hubiera sido equivalente a U$ 138,600.

Debemos admitir que la cifra no impresiona mucho.

Para la opción de riesgo medio, 1.0% como tasa real mensual, el monto mensualmente ahorrado de 1 U$ se ha transformado en U$ 989. Si suponemos que la cantidad total ahorrada fue de U$ 240, al término del período hubiéramos obtenido una rentabilidad global de casi 305%.

Si el ahorro mensual, en vez de haber sido de 1 U$, hubiese sido por ejemplo U$ 300 (aproximadamente 10 UF.), entonces la cifra obtenida al final del período hubiera sido equivalente a U$ 297,000.

¡La cifra obtenida comienza a ser atractiva!

Pero si analizamos la opción de "riesgo" mayor, 1.6% como tasa real mensual, el monto inicial de 1 U$ se habrá transformado en U$ 2,758. Si suponemos que la cantidad total ahorrada fue de U$ 240, al término del período habremos obtenido una rentabilidad global de casi 1.030%.

Si el ahorro mensual, en vez de haber sido de 1 U$, hubiese sido por ejemplo U$ 300 (aproximadamente 10 UF.), entonces la cifra obtenida al final del período hubiera sido equivalente a U$ 827,000.

¡La cifra obtenida es realmente impresionante!

Es importante destacar, al igual que en el caso anterior, que la conclusión más interesante es que optar por la opción de "mayor" riesgo en un período de 20 años, no involucra tal riesgo y, por otra parte, rinde los resultados espectaculares calculados.

Aunque durante los próximos 20 años no se obtuviera una rentabilidad tan espectacular de 1.6% real mensual considerada en el ejercicio, de todos modos debería ser ésta la senda correcta que deberíamos intentar para hacer crecer, en forma acelerada y cómoda, nuestros ahorros.

¿Cuántas veces no hemos soñado con sacarnos la lotería? Con el sistema descrito, cada persona tiene en sus manos la fórmula para fabricarse su propio premio de la lotería ¡sólo se requiere perseverar en el ahorro sistemático!

Como comentario final es importante no olvidar el hecho indiscutible de que el valor intrínseco de un 1 U$ ahorrado es equivalente a generar un ingreso mucho mayor, dependiendo de su nivel de sueldo, por el efecto de los impuestos y leyes sociales. En otras palabras, 1 U$ ahorrado equivale a más de 1 U$ de ingreso.

Un ejemplo actual que nos demuestra lo acertado del ahorro sistemático lo podemos observar en el caso de Chile y el capital acumulado por el sistema de ahorro previsional, en vigencia desde hace 15 años. El capital acumulado en este período alcanza aproximadamente a los U$ 28,000 millones, lo cual ha constituido un factor muy importante para la consolidación de una estructura financiera vigorosa para el desarrollo del país.

Debe destacarse que toda la argumentación planteada acerca del éxito del ahorro exige un país con una economía estable que permita tener horizontes de largo plazo.

Como ha podido demostrarse, el poder escondido del ahorro se encuentra en la combinación de la tasa de interés y el largo plazo, siendo ambos factores muy importantes para lograr el crecimiento exponencial del capital, pero con la diferencia de que el tiempo transcurre sin esfuerzo, aunque sí se requiere afán para buscar la mejor alternativa para incrementar la tasa de interés. Cuando el tiempo ya ha transcurrido habremos perdido el potencial de nuestro aliado natural, y ya poco se puede hacer para recuperar esa ventaja.

No necesariamente significa transformarse en un avaro, ni que su vida se convierta en una tortura por conseguirlo, sino que en forma lenta y pausada, mediante el ahorro sistemático, pagando las deudas, pero cuidando la calidad de vida del presente, se puede lograr el poder escondido del ahorro.

¿Comprar casa o arrendar?

Cuando se trata de evaluar los pro y los contras de ser propietario o arrendatario es un asunto muy delicado, porque involucra evaluar económicamente una decisión que muchas veces es emocional. Siempre en las cosas del matrimonio y la familia habremos dejado de lado el aplicar los criterios netamente económicos, dejándolos sólo para las evaluaciones de oficina. De las puertas de la casa hacia adentro no corren más que las decisiones que otorguen más felicidad, aunque no sean financieramente muy rentables. Pero a pesar de lo dicho, me voy a permitir impugnar lo planteado, y si el lector no está de acuerdo, lo entenderé de todo corazón, porque siempre he estado en su lugar.

Supongamos que hace 15 años atrás usted compró mediante un crédito hipotecario su casa avaluada en U$ 150,000, y para ello el banco le exigió como aporte propio el 25% del valor de la casa, es decir U$ 37,500. Si este capital hubiera sido colocado en la cuenta de ahorro de los Fondos de Pensión, a una tasa de 1% real mensual, promedio de los últimos 15 años, del Gráfico N°1 podemos observar que el capital se habría multiplicado por 6 veces, es decir, el capital que dispondríamos hoy sería de U$ 225,000.

Si estimáramos que la plusvalía de aquella propiedad hubiera tenido un incremento de 50% en estos últimos 15 años, entonces hoy una casa equivalente tendría un valor de U$ 225,000. Lo increíble es que con el capital inicial ahorrado ¡podríamos comprarla hoy día al contado!

Por supuesto que durante el período analizado habremos estado pagando mensualmente un arriendo equivalente al dividendo de una propiedad de esa categoría, lo cual permite comparar en forma justa esta alternativa.

Es innegable que la decisión financiera es extraordinaria. Pero ¿por qué tan pocas personas la toman? La explicación tiene relación con la valoración que hacen las personas del sentimiento de estar viviendo "en lo propio", argumento que es indiscutible, respetable, y tiene su precio. ¡El gusto de hacer un arreglo o modificación en la casa que es propia, es "impagable"! ¿? Lo importante es tomar la decisión, en uno u otro sentido, estando consciente del significado de los cálculos.

Uno de los errores más frecuentes que nos toca observar es el de personas que abonan a la deuda hipotecaria para sentirse viviendo "más en lo propio", lo cual no produce ninguna diferencia en la práctica. Ciertamente, abonar más hará que la deuda quede saldada más rápido, y posiblemente

pueda reducir los pagos de intereses en algunos miles, pero...
¿qué le ocurre a la calidad de vida, en el intertanto, si la res-
tringimos con aquel propósito? La respuesta es muy personal
y dependerá de las necesidades de la familia dependiendo en
qué etapa se encuentre.

Acerca del endeudamiento

¿Debe uno solicitar crédito o no? No es una pregunta fácil
de responder. La cuestión de los préstamos es muy delicada.
Para algunas personas, un préstamo, sobre todo si es un monto
importante, puede revelarse catastrófico. La fluctuación de las
tasas de interés suele reservar sorpresas desagradables. Por
otra parte, sin ciertos préstamos contraídos en el momento
oportuno, muchas empresas no habrían podido expandirse o
no se habrían salvado de situaciones difíciles. Una cosa es
segura: si la persona es cuidadosa en su análisis, sabrá si debe
servirse o no del dinero de otros. La prudencia pareciera ser
en este caso buena consejera. Hay personas que no se atreven
en su vida a pedir un préstamo, pero también de este modo se
pierden buenas oportunidades. Todas las que han triunfado se
han servido en algún momento del dinero prestado. Hay que
hacerlo de manera inteligente. Una vez que haya evaluado su
capacidad de devolverlo, confíe en usted mismo, y no olvide
que la fortuna suele sonreir a los audaces. La opción del endeudamiento es aconsejable, siempre y cuando se disponga
de una rentabilidad alternativa mejor que la tasa de interés
cargada por la entidad crediticia. La evaluación del riesgo es
el punto crítico en este tipo de análisis.

Lo único que no tiene sentido y está altamente contra-
indicado, es el endeudamiento para destinarlo al consumo.

Capítulo X

COMO ACELERAR LA RENTABILIDAD DE SU CAPITAL

"La imaginación es más importante que el conocimiento."
ALBERT EINSTEIN

Para acelerar la rentabilidad de un capital existen dos caminos, asociados al riesgo que estemos dispuestos a tomar: desarrollar un proyecto propio o poner el capital en renta variable en el mercado bursátil; pero manejado por nosotros mismos, en vez de delegar su administración colocándolo en un Fondo Mutuo Accionario.

El camino de emprender un proyecto propio es difícil. Muchas veces, aunque haya sido evaluado técnica y económicamente en términos conservadores, el desconocimiento de los resquicios operativos del proyecto en particular y de la comercialización del producto encierra en sí el verdadero riesgo que atenta contra el éxito del proyecto.

Los proyectos *"green field"* que salen adelante normalmente son realizados por instituciones con buena situación financiera. Los privados pequeños que tienen éxito en su proyecto propio merecen todo tipo de elogios, porque habrán logrado vencer muchas dificultades antes de triunfar.

El otro camino es colocar el capital en la Bolsa, la cual puede dar rentabilidades mucho mayores que el sistema financiero, pero debe hacerse con riesgo controlado. La rentabilidad de un capital invertido en acciones, en el largo plazo siempre será mejor que la rentabilidad del sistema financiero, a menos que la empresa en particular donde se ha invertido vaya a la quiebra.

Este sistema para acelerar la rentabilidad de un capital está recomendado para las personas que deseen hacerlo "profesionalmente", es decir que tengan formado un capital y tengan la disponibilidad de tiempo para vigilar su desempeño, y poder guiar la rentabilidad utilizando las herramientas del Análisis Técnico Bursátil explicadas en la Parte Quinta de este libro.

De acuerdo a la experiencia desarrollada en la aplicación del análisis técnico al mercado bursátil, como se explicará en los capítulos correspondientes, es perfectamente posible obtener una rentabilidad real media mensual de 3%.

En el próximo ejemplo analizaremos el impacto de crecimiento que puede tener un capital colocado a tasas mayores de interés que el sistema financiero.

Supongamos que la persona del ejemplo empezó a trabajar a los 25 años. Hoy ya tiene 45 años, su situación familiar está consolidada, y su vida laboral durante los pasados 20 años le ha permitido seguir las pautas de ahorro mensual del capítulo anterior. El capital propio de que dispone para su proyecto bursátil es de U$ 100,000.

A continuación repetiremos el ejercicio en un gráfico similar al del capítulo anterior, pero se le han agregado líneas de tasas de interés hasta 5.5% mensual. *(Ver Gráfico N° 3)*

Gráfico Nº 3

Valor futuro de 1 US$ ahorrado hoy y mantenido durante diferentes plazos a distintas tasas de interés mensual

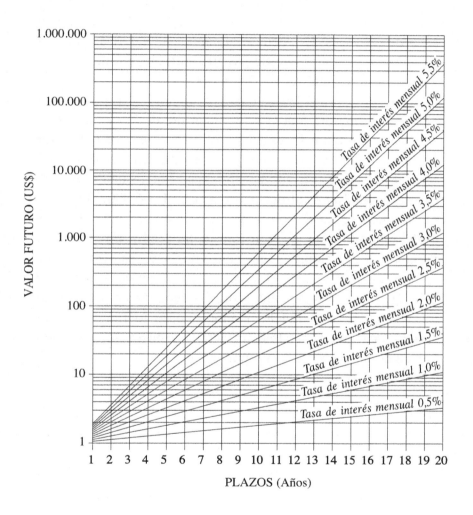

Comentarios:

Si la persona de nuestro ejemplo tiene 45 años, el horizonte razonable para el ejercicio será un plazo a futuro de 10 años. Para este ejemplo se tomará la tasa real mensual de 3%.

De acuerdo a los resultados del gráfico se puede observar que en un plazo de 10 años, el poder multiplicativo del capital sería de 35 veces. Es decir, si el capital inicial de la persona de nuestro ejemplo fuera de U$ 100,000, al cabo de 10 años obtendría un capital de U$ 3,500,000.

Sólo por curiosidad calculemos como variaría el capital inicial si se lograra una tasa real mensual de 3.5% en vez de 3%. De acuerdo a los resultados del gráfico se puede observar que en un plazo de 10 años el poder multiplicativo del capital sería de 60 veces en vez de 35 veces. Por lo tanto, en este caso el capital al final del período sería U$ 6,000,000.

Cuando ya se disponga de un voluminoso capital como el del ejemplo, éste en promedio podrá rendir, a renta fija o variable en el sistema, como para vivir sobradamente de él.

Lo anterior ha sido sólo un ejemplo matemático de ficción, pero es absolutamente correcto. Quizás en la realidad los resultados sean mucho menores, pero lo importante es comprender que es totalmente factible y puede ser realizado por cualquiera que se lo proponga.

CUARTA PARTE

LA BOLSA

Capítulo XI

QUE ES LA BOLSA

"Quien entra aquí, deja atrás toda esperanza..."
LA DIVINA COMEDIA DE DANTE ALIGHIERI

La Bolsa es el punto de encuentro entre la oferta y la demanda de capitales. La oferta es ejercida por los inversionistas cuyo objetivo es obtener rentabilidad de sus dineros. Por otra parte, la demanda de capitales proviene de las sociedades emisoras de títulos de propiedad y de títulos de crédito, creadas con el objeto de captar financiamiento para proyectos rentables de inversión.

El financiamiento de inversiones que tienen un período de maduración relativamente prolongado, requiere obtener capitales a largo plazo mediante la emisión de valores de largo plazo, como bonos o *debentures*. Asimismo, la creación o ampliación de una empresa requiere el aporte de capitales a plazo definido, no exigibles, a través de la emisión de acciones. Ambas formas de captación de recursos necesitan la existencia de ahorrantes dispuestos a comprometer su capital por un plazo relativamente largo.

Sin embargo, pocos son los dispuestos a adquirir tales instrumentos, si no se les asegura previamente su liquidez a precios convenientes, ante la eventual necesidad de recuperar los dineros aportados. Esta liquidez sólo la puede asegurar un mercado eficiente, donde concurran libremente vendedores y compradores, y en el cual los precios establecidos correspondan a un justo equilibrio entre la oferta y la demanda.

La regulación del mercado es una de las funciones más importantes que debe desarrollar la Superintendencia de Valores, y tiene como objetivo fundamental el mantener un mercado ordenado, evitando manipulaciones de precios, y asegurar la plena confiabilidad del sistema, impidiendo irregularidades y otorgando total igualdad de oportunidades a todos los que deseen participar en él.

Desde el punto de vista práctico, la Bolsa cumple un papel sumamente útil, al proveer a compradores y vendedores de acciones un lugar físico de reunión para que puedan efectuar sus transacciones, a través de los servicios que prestan los corredores de la Bolsa.

La Bolsa es complementaria del sistema bancario, el cual otorga créditos de corto, mediano y largo plazo.

De ser un simple mecanismo de financiamiento, la Bolsa se ha convertido hoy en un instrumento de estrategia fundamental al servicio del poder económico del país.

La Bolsa es considerada también como una institución que ayuda a gestionar la liquidez del ahorro. La confrontación entre las órdenes de compra y las órdenes de venta de acciones, como en un remate, expresa la diversidad de las opiniones que se materializan finalmente en las transacciones.

La Bolsa, por otra parte, tiene un papel social al asegurar la difusión de los títulos de propiedad entre los múltiples inversionistas. La Bolsa favorece la movilidad del capital permitiendo que el dinero colocado en títulos accionarios sea fácilmente transferible. Los productos son móviles y líquidos, pudiendo ser utilizados incluso como medio de pago en transacciones, como por ejemplo, la participación en la propiedad de una empresa. El mercado participa así en la reestructuración del capital de las sociedades y en los cambios que se producen en las estructuras industriales y comerciales.

Todas las acciones de una empresa forman lo que se denomina, la sociedad anónima (S.A.).

Con su adquisición, los inversionistas colocan su dinero a disposición de las grandes empresas para la realización de nuevos proyectos rentables. Pero también entre ellos se encuentran quienes desean dinamizar su capital, cambiando sus acciones de acuerdo a la coyuntura y fluctuaciones que presentan las cotizaciones, es decir, los llamados "especuladores".

La Bolsa es el remate de expectativas futuras del comportamiento de las empresas. Para muchos, la Bolsa es un Montecarlo sin música, un casino de juego en el cual uno se puede jugar, en una tarde, una importante suma de dinero, en medio del ajetreo de las ruedas. Pero para los "especuladores" concienzudos, no es un juego de azar.

Entretanto, con el avance de las comunicaciones y la globalización de los mercados, todas las Bolsas del mundo funcionan cada vez más intercomunicadas. Los acontecimientos en cualquier parte del mundo pueden conmover los mercados bursátiles y hacer tambalear por un momento el mundo financiero.

Detrás de todo ese movimiento frenético de la Bolsa, ahora y siempre, ha estado la ambición de poder y el deseo de ganar dinero. Esto se realiza con inteligencia, pero también con ideas, inventos, informaciones secretas, y también aprovechándose de la ingenuidad de los demás.

Ese mundo nunca descansa, girando noche y día sin parar. Tras el cierre de la Bolsa de New York, la gente se agolpa en la Bolsa de Tokio, para luego seguir en Milán, Frankfort y Londres. Y cuando llega el final de la jornada en París, ya hay miles de agentes norteamericanos preparándose para un nuevo día de confrontación bursátil en Wall Street.

Capítulo XII

BREVE HISTORIA DE LA BOLSA

La Bolsa de valores es una institución muy antigua la cual parece tener sus orígenes en Roma, en el muy célebre *Collegium Mercatorium*, evocado por el historiador Tito Livio, como lugar de especulación financiera. Esta práctica no sobrevivió al caos político que caracterizó al ocaso del Imperio Romano y se debió esperar a las ferias comerciales de la Edad Media y el Renacimiento, para que la Bolsa reviviera definitivamente.

Entre las diversas explicaciones del origen de la palabra Bolsa, la más probable se remonta al siglo XIV, en Bélgica, en la ciudad de Brujas donde se reunían los negociantes en el hotel del caballero Van der Buerse y sus parientes venecianos Della Bursa. Esta familia usaba un escudo de armas donde figuraban tres bolsas de oro.

El nombre sería luego extendido, así, a la asamblea y más adelante sería adoptado por otros mercaderes de las grandes ciudades belgas y extranjeras, como Amberes, Amsterdam y Lyon, a partir del siglo XV.

En 1694 fue creado en Inglaterra el centro bursátil de la City, el cual jugó un papel fundamental en el desarrollo de los mercados financieros.

En 1724, Francia se dota de una moderna Bolsa, por decreto real, la cual se ubicaba en calle Vivienne, en París. En 1808 se puso la primera piedra del palacio Brongniart, ordenado por Napoleón I, donde funciona la Bolsa de París hasta los días de hoy.

Las demás Bolsas aparecen a partir del siglo XVIII. La Bolsa de fondos públicos de Bruselas fue creada en 1801.

La Bolsa de Norteamérica, el New York Stock Exchange Board, ubicado en la célebre calle llamada Wall Street, de New York, nace en 1817.

Wall Street es una calle que va desde Roosevelt Drive, cerca del East River, hasta la vieja iglesia de La Trinidad. Esta calle adquirió ese nombre debido a un muro construido a lo largo de ella con el objeto de mantener encerrado el ganado e impedir el ingreso de los indios, poco tiempo después de que New York fuera fundada como un centro de comercio holandés, en el año 1609.

Esta calle se convirtió rápidamente en un centro de actividad comercial, debido a que conectaba los muelles que prestaban servicio al comercio por el río Hudson en un extremo, y al negocio de importación del río East, en el otro.

Los primeros comerciantes tuvieron muchos negocios, compraban y vendían productos del sector agropecuario, tales como pieles de osos, melaza y tabaco, comercializaban monedas extranjeras, aseguraban mercancías y especulaban con la tierra.

En 1789, el primer congreso de Estados Unidos se reunió en el Federal Hall localizado en Wall Street y autorizó la primera orden de una emisión de U$ 80 millones en bonos del gobierno, para absorber el costo de la guerra. Dos años más tarde, se adicionaron a los bonos del gobierno las acciones de bancos cuando Alexander Hamilton, secretario del Tesoro, fundó el primer Banco de la nación, llamado Banco de los Estados Unidos, y ofreció las acciones al público. Los empresarios de Wall Street pronto empezaron a programar remates de acciones y bonos, tal como lo realizaban para los productos agrícolas y, finalmente, formalizaron esta organización fundando La Bolsa de Valores de New York (NYSE).

La edad de oro de la Bolsa comienza a finales del siglo XIX y llega hasta la primera guerra mundial.

En 1914, la City situada al este de Londres, se convierte en el centro financiero del mundo, seguido de cerca por la plaza de París.

La fuerte inflación de los períodos entre la primera guerra, la crisis de 1929 y luego la segunda guerra mundial, propinan duros golpes a los mercados europeos, lo que permite a New York ocupar el primer puesto, lugar que mantiene hasta hoy.

La Bolsa en Chile

Los primeros intentos de crear una Bolsa en Chile se realizaron en 1840, con muy poco éxito, debido al bajo desarrollo económico del país, en aquellos años.

Hacia 1884 se empieza a consolidar el desarrollo de las sociedades anónimas, por lo que ya se justifica la creación de un mercado de valores que permitiera transar las acciones de las sociedades anónimas que habían sido reglamentadas por ley en 1854. Finalmente, el 27 de noviembre de 1893, se fundó la Bolsa de Comercio de Santiago, cuyo edificio centenario se ubica en la esquina de las calles Moneda y Bandera, en la ciudad de Santiago.

Este fue un paso trascendental para inyectar vitalidad y dinamismo a la economía nacional. En esos años, ya existían 329 sociedades anónimas, la mayoría dedicadas a la minería, además de 44 sociedades extranjeras que, si bien eran pocas en número, representaban el 81% del capital nominal de las sociedades nacionales.

Hoy en día, Chile cuenta con una Bolsa muy moderna y ágil en donde se transan títulos de más de 360 empresas. Además, en los últimos años se ha dotado de una Bolsa Electrónica a la altura de los centros bursátiles más desarrollados, en cuanto a sus sistemas informáticos.

Las principales plazas financieras mundiales

El espectacular desarrollo de los mercados financieros durante los años ochenta, respecto a volúmenes de actividad e incremento de las cotizaciones, así como la desaparición de las barreras reglamentarias, han favorecido la globalización de las redes financieras entre los grandes mercados.

Actualmente existen tres Bolsas realmente internacionales: New York, Tokio y Londres. Los demás mercados actúan en función de estas plazas.

Nueva York

Esta es la plaza financiera más importante del mundo, por el gran volumen transado y su influencia en las demás Bolsas. Este importante centro financiero está ubicado en la famosa calle **Wall Street**, y en él se manejan varios mercados.

El más importante es el **New York Stock Exchange** (NYSE), en el cual son admitidas aproximadamente 1500 sociedades de primer orden. Agrupa al 70% de las transacciones realizadas en ese país.

El segundo mercado es el **American Stock Exchange** (AMEX), donde se transan títulos de más de 2.000 sociedades. Finalmente, la **National Association of Securities Dealers Automated Quotations System** (NASDAQ), que es una Bolsa electrónica en la que son cotizadas de forma continua más de 3.000 sociedades no admitidas en los grandes mercados, aunque esto último está cambiando y se pueden encontrar hoy en día acciones de empresas de prestigio tales como Microsoft y otras.

Tokio

La Bolsa de Tokio, denominada **Kabuto-cho**, es el segundo centro mundial de capitalización. A pesar de que cada vez ingresan más inversionistas extranjeros, de las 1.600 sociedades transadas, muy pocas no son japonesas.

Londres

El London Stock Exchange, situado en la City, es la primera plaza financiera de Europa. En ella se transan alrededor de 2.000 sociedades. De todas las Bolsas del mundo, Londres es la plaza que cuenta con más sociedades internacionales inscritas en su cotización.

Alemania

Las Bolsas de Franckfort y Dusseldorf, al igual que el sistema financiero, se encuentran en manos de los bancos, los cuales poseen los títulos de las sociedades y están facultados para recibir órdenes de compra y venta por parte de los inversionistas. En 1991 se inauguró un sistema informático muy moderno para operar las transacciones denominado IBIS. Frankfort pretende llegar al nivel de la Bolsa de Londres, y debe para ello dotarse de los instrumentos necesarios. A pesar de todo, la clientela financiera europea sigue prefiriendo la plaza de Londres.

Suiza

A pesar de contar este pequeño país con siete Bolsas, las transacciones principales se efectúan en tres mercados: Zurich, Ginebra y Basilea.

Desde Mayo de 1988, existe un gran mercado electrónico de opciones y futuros denominado SOFFEX, de gran eficiencia.

Bélgica

La Bolsa de Bruselas está en una etapa de modernización total, al igual que la Bolsa de París. En 1991 lanzó un nuevo indicador de tendencia a tiempo real, denominado BEL 40. La Bolsa de Bruselas comparte con la de Londres el privilegio de tener un alto número de sociedades internacionales en sus transacciones.

Luxemburgo

Este mercado es famoso por las ventajas fiscales que proporciona. Los organismos de inversiones colectivas establecidos en Luxemburgo no pagan impuestos sobre ganancias y capital. Además, no se aplica ninguna retención sobre los dividendos distribuidos.

Holanda

Amsterdam es una de las plazas financieras más antiguas. Hasta 1945 se encontraba situada en el tercer lugar mundial, detrás de New York y Londres.

Las Bolsas de Extremo Oriente y América Latina

Durante la década de los años noventa han surgido en la esfera financiera internacional plazas muy interesantes, desde el punto de vista de sus altas rentabilidades, pero con mercados más inestables y de mayor volatilidad, las cuales son afectadas directamente por los acontecimientos políticos de esos países. Pero a pesar de ello, muchos inversionistas arriesgan su fortuna especulando en éstos, tras las prometedoras ganancias.

Entre los países de estos continentes se destacan las Bolsas de Hong Kong, Seúl, y Bangkok, en Extremo Oriente; y Chile, Brasil, Perú, Argentina y México, en América Latina.

Capítulo XIII

COMO FUNCIONA LA BOLSA

*"Los precios de las acciones de la Bolsa
se asemejan a las olas del mar:
adquieren fuerza, se levantan en la espuma
para luego desvanecerse en la orilla de la playa..."*
J. MELI

La primera impresión que obtiene un observador principiante de la Bolsa es que se trata de un "juego" del más puro azar y buena suerte.

Afortunadamente, este "juego" social está gobernado por la naturaleza del comportamiento humano, por decisiones tomadas en base a las emociones que se producen frente a la ambición por ganar mucho rápidamente, o frente al pánico de sufrir grandes pérdidas en forma inesperada. Lo anterior hace que definitivamente no sea un juego de azar, y esté gobernado por el equilibrio de la oferta y la demanda, a lo largo de las evoluciones del precio durante los ciclos.

La rentabilidad histórica de la Bolsa, como puede demostrarse, es mucho mayor que la rentabilidad del sistema financiero, pero tiene el inconveniente de estar caracterizada por ciclos formados por momentos de gran auge, seguidos luego de grandes catástrofes. ***Boom*** y ***crash, bullish*** y ***bearish*** son términos inseparables. El uno no puede existir sin el otro. Amparado bajo el ambiente del auge va creciendo cómodamente el *boom*. Ya al final del período, la situación parece un globo a punto de reventar, y bastará cualquier acontecimiento para desatar, de modo fatal, el *crash*, la catástrofe esperada por todos.

Una de las leyes de la historia de la Bolsa es que no se produce nunca una catástrofe bursátil de gran nivel que no haya sido precedida de un período de un auge excepcional, y que no existe *boom* que no termine en un *crash*.

Para comprender la Bolsa en su conjunto hay que conocer el mecanismo de los movimientos al alza y a la baja, los ***bulls and bears***, cómo se producen los ciclos, cómo se desarrollan y cómo llegan a su maduración. De acuerdo a la lógica de la Bolsa, no puede considerarse como un axioma que las acciones buenas suben y las que no lo son bajan. Tampoco puede considerarse como axioma el que todas las acciones bajan de precio cuando la situación económica es mala, y que, cuando es buena, tienden a subir.

El "juego" de la Bolsa es un remate de expectativas futuras del comportamiento de las empresas, y el precio de la acción no es más que el reflejo, entre otros factores, del valor esperado de las empresas que ellas representan.

Por lo tanto, el valor de las acciones estará afectado por la apreciación y el sentimiento que tenga el público, el cual muchas veces no es estrictamente racional y se deja llevar por euforias y depresiones típicas del comportamiento humano.

La Bolsa es un fenómeno social en el cual participan fuertemente las emociones al momento del remate de las acciones. Los individuos se sumarán a la euforia del alza, impulsándolas más arriba aún de su verdadero valor, o se sumarán al pánico de venta, para ponerse a salvo frente a una caída del precio, acelerando aún más su caída. Siempre tras la euforia llega el desencanto.

Los sociólogos han realizado intentos ingeniosos de reproducir las condiciones del comportamiento de una multitud en un laboratorio, con fines de investigación, pero difícilmente ha podido ser logrado. A pesar de ello, la Bolsa es quizás el mejor laboratorio que se pueda encontrar en forma natural, para observar el comportamiento colectivo humano.

Los sociólogos Milgram y Toch definen el comportamiento colectivo como aquel que se origina espontáneamente, es relativamente poco organizado, bastante impredecible, sin plan en su curso de desarrollo y depende de la estimulación mutua de los participantes.

Una de las formulaciones teóricas acerca del comportamiento colectivo es la *Teoría de la Convergencia*, la cual se centra en las características culturales y de personalidad de los miembros de una colectividad, señalando cómo estas similitudes alientan una respuesta colectiva a una situación dada. Esta teoría considera el comportamiento colectivo como algo más que un impulso insensato, y admite que el comportamiento colectivo puede ser racional y dirigido hacia una meta.

Por otra parte, la *Teoría del Contagio,* acerca del comportamiento colectivo, define el contagio como "una diseminación relativamente rápida, involuntaria y no racional de un estado de ánimo, impulso o forma de conducta..." Esta teoría hace hincapié en forma exagerada en los aspectos no racionales del comportamiento colectivo. En esto se basa lo que se conoce como *"efecto manada"*.

La forma de reaccionar de los individuos ha sido siempre predecible frente a la ambición y al miedo a la bancarrota. El mercado asume que el público o la masa seguirá comportándose de la misma forma, como lo ha hecho siempre, de acuerdo a su naturaleza intrínseca.

La Bolsa debe analizarse, a pesar de su nombre, no como una bolsa o conjunto de acciones sino a partir de cada acción en particular. Por esta razón, los indicadores generales de evolución de rentabilidad bursátil, tales como el IPSA para la Bolsa chilena o el Dow Jones para Wall Street, no tienen significado práctico para los pequeños inversionistas que desean especular.

El indicador general es un índice que mide solamente el valor del conjunto de acciones que se transan en la Bolsa de Comercio, y permite observar sus variaciones como un todo.

Sin perjuicio de lo dicho anteriormente, sucede con frecuencia que, cuando el indicador general refleja un incremento se produce una especie de euforia colectiva que arrastra como en una marea al alza a "todas" aquellas acciones que aún no se encuentran sobrecompradas o caras. Las acciones que estén ya en la condición de sobrecompradas, a pesar del incremento del indicador, pueden incluso descender, para ajustar su precio a valores razonables de mercado.

Al contrario, cuando el indicador refleja una baja, se producirá una estampida, acelerando la caída de precio de todas las acciones que se encuentran sobrecompradas. Las acciones que no estén en esa condición, pueden incluso subir, a pesar del descenso del indicador general.

Capítulo XIV

EL DESAFIO DEL MERCADO

"Quien adora pequeñeces, no merece grandezas."
ANDRÉ KOSTOLANY

El mercado bursátil, con las numerosas empresas que transan acciones en la Bolsa, puede ser muy poco claro para el principiante que desee ingresar a él. Además de los cientos de acciones para elegir, existen demasiados expertos, analistas, corredores y recomendaciones en los medios de comunicación que bombardean al pobre inversionista desorientándolo con diferentes puntos de vista, muchas veces, contradictorios entre sí. Lo más probable es que el lector haya experimentado con más de alguno de los siguientes métodos, para intentar tener éxito en la contienda bursátil:

• **Comprar acciones de empresas destinadas a la grandeza**

Probablemente usted ha escuchado las historias de acciones que valían centavos algunos años atrás y ahora se cotizan en varias decenas de veces su valor original. Fuera de ser casos anecdóticos, la probabilidad de descubrir una de esas acciones y perseverar en mantenerlas hasta que desplieguen su potencial valor, es realmente mínima. En cada nueva área de negocios pronto habrá varias empresas compitiendo, pero finalmente sólo una o máximo dos serán las líderes, y el resto resultarán como el promedio de los otros sectores, si es que no son peores. Las estadísticas, por otra parte, muestran que durante los primeros cinco años, el 75% de los nuevos negocios no resultan.

• Comprar acciones de gran popularidad

Como inversionista principiante uno desea acciones seguras y de rentabilidad moderada. Es muy fácil dejarse tentar por las acciones que compra la mayoría de las personas. El problema es que las acciones tan populares generalmente están sobrecompradas o caras, debido a la gran demanda del público y de los inversionistas institucionales. Por otra parte, ocurrirá que, cuando para el público deje de ser la favorita, su precio declinará rápidamente en la medida en que se extingue su demanda y se esfuma su popularidad. Las acciones bajan de precio mucho más rápido de lo que tardan en subir. La predilección del público por una determinada acción cambia frecuentemente y, por lo tanto, este método generalmente resulta un fracaso.

• Comprar acciones dateadas

La pasada de información "a firme" es casi un deporte en las reuniones donde se toca el tema bursátil, ya que a todos nos gusta presumir de expertos en asuntos de acciones.

Generalmente los datos que uno escucha no pueden ser "chequeados" para comprobar su validez. La información puede ser sesgada, exagerada, o lo peor de todo, completamente falsa. Aunque la historia fuera cierta, nunca se sabrá cuántas personas antes que usted la escucharon ya. En el caso que nos encontremos al final de la cadena de la información, la probabilidad que el precio ya tenga reflejado el impacto de este dato es mayor, y puede que se termine comprando cuando ya la acción se encuentra madura y lista para comenzar su descenso de ajuste de precio. Por último, la persona que pasa el dato puede estar interesada en causar un movimiento de precio de esa acción para sacar ventaja personal.

Por lo tanto, actuar en función de los datos escuchados, rara vez da los resultados que uno espera, y no constituye un método para asegurarse ganancias en el mercado.

• Comprar acciones en su precio más bajo

Este método en sí mismo es muy presuntuoso, ya que implica que el especulador sabría de antemano cuál será el punto donde se invertirá la tendencia, y comenzará el ciclo al alza. El concepto de la estrategia es válido, pero hay que tener en cuenta que cuando comienza el desplome de precio de una acción, luego de haber estado cara, usualmente se llega a profundidades injustificadas. El pánico de la caída de precio gatilla nuevas ventas que arrastran nuevas caídas de precio. En este tipo de situaciones es muy difícil predecir cuál será el precio mínimo para comprar. Por último, este sistema es válido si se tuviera la certeza de que, luego de una caída de proporciones, dicha empresa se volverá a recuperar a niveles de precio interesantes. El método de comprar en el punto de inflexión es muy difícil de lograr y pertenece a las proezas que cuentan los mentirosos bursátiles.

• Comprar acciones y mantenerlas indefinidamente

El éxito de esta estrategia se basa en que las acciones que se elijan, deben ser de una empresa cuyos resultados de hoy se mantengan en el tiempo y, por supuesto, que sean mayores a la inflación. Casi todas las empresas progresan a través de ciclos de alta rentabilidad inicial, expansión, madurez y declinación. Bastaría sólo con analizar el comportamiento de las empresas ligadas al negocio de la celulosa, el cual, por definición estructural, tiene un comportamiento cíclico. Por esta razón el comprar y mantener acciones sin observar el comportamiento de sus ciclos, tampoco es una muy buena estrategia.

Una aproximación diferente al mercado: El análisis técnico bursátil

Todas las estrategias descritas anteriormente tienden a fallar, porque se basan en información poco confiable, o en premisas erradas. Todos sabemos lo difícil que es obtener información acerca de una compañía y más aún de sus planes futuros. Por supuesto que los prospectos públicos contienen información que ya ha sido internalizada en el precio, y carece de todo valor. Por lo demás, la Superintendencia de Valores impide que se utilice información privilegiada, sancionando drásticamente a quienes profitan de ella.

Afortunadamente existe una estrategia de inversión bursátil que se basa en el análisis técnico, el cual permite, mediante el análisis de series de tiempo, rastrear el desarrollo de los ciclos del precio de las acciones y, con la ayuda de indicadores estadísticos, tomar decisiones con riesgo controlado.

De esta manera, el especulador moderno tendrá la opción de seguir las evoluciones de los precios de cada acción en particular, para llevar a la práctica las decisiones de compra y venta que le permitan marginar la diferencial de precio a su favor.

Capítulo XV

DOS ESCUELAS PARA ANALIZAR EL MERCADO

*"La Bolsa no es un juego, pero sí
es un arte más que una ciencia."*
ROBERTO DE ANDRACA

En lo relacionado con los diferentes actores del "juego" de
la Bolsa, se pueden diferenciar dos grupos.

Uno, es el grupo de inversionistas que han desarrollado un
análisis profundo y han llegado a una conclusión definitiva, y
además tienen los medios para ejecutar maniobras que causarán
un movimiento en el mercado. A este mismo grupo pertenecen
también aquellos que poseen información privilegiada que aún
no se divulga, porque la operación se está fraguando, y pueden
causar grandes movimientos del mercado, con los consiguientes
pingües beneficios para los ejecutores del movimiento.

El otro, es el de los "especuladores" comunes, como la
mayoría, que desarrollan la habilidad para detectar los movimientos que ellos no han causado, pero que les permite
comprar a precios convenientes y luego vender las acciones
con un margen a su favor. A este grupo pertenece también

la gran masa de operadores de las oficinas de corredores de bolsa, los cuales por la naturaleza de su trabajo logran captar el flujo de información, al materializar las transacciones de los que causan movimientos en el mercado.

Asimismo, existen dos escuelas de análisis bursátil que, a lo largo de la historia de la Bolsa, han tomado posiciones antagónicas cuando se trata de analizar el comportamiento del mercado: la *Fundamentalista* y la *Tecnicista*.

El Análisis Fundamental Bursátil

La paternidad de este tipo de análisis le es atribuida a Benjamín Graham. Esta distinción le fue otorgada porque a raíz de su contribución se comenzó un análisis financiero más serio de las empresas. Graham nació en 1894 y, a los 20 años, recibió el grado de bachiller en ciencias de la Universidad de Columbia, destacándose siempre como un amante de las matemáticas y la filosofía. A pesar de no tener instrucción en materias financieras, comenzó su carrera en Wall Street, en la firma Henderson & Loeb, como mensajero, y después siguió ascendiendo posiciones hasta llegar a ser socio de la firma.

Dentro de la obra realizada por este gigante de la historia bursátil de USA, se encuentran los famosos libros *Security Analysis*, publicado en conjunto con David Dodd, en 1934, inmediatamente después de la gran depresión del mercado norteamericano de 1929, y *The Intelligent Investor*, publicado en 1949.

El análisis fundamental tiene como objetivo la evaluación global de las condiciones financieras de una empresa en particular, para ser usada en la determinación de su valor intrínseco y en la proyección de sus utilidades futuras. Los fundamentalistas sostienen que cualquier cambio en sus resultados se verá reflejado en los dividendos y, por lo tanto, en los precios de sus acciones. Si las utilidades se perfilan sin expectativas, los especuladores venderán esos títulos, porque se presume que la compañía anunciará bajos dividendos. Luego, la venta de acciones aumenta la oferta y el precio de esa acción tiende a caer.

Si las utilidades se perfilan como una buena expectativa, muchos especuladores querrán tener esa acción. Se presume que el valor de la empresa y sus dividendos se incrementarán y como resultado del incremento de la demanda, el precio de las acciones subirá.

Para predecir si una empresa tendrá un desarrollo competente, en relación con sus metas de ventas, utilidades, crecimiento y a cómo éstos afectarán su precio futuro, se requiere de la tarea de un analista profesional.

Para ser un buen analista fundamental se requiere ser una especie de profeta, pero sin el beneficio de la inspiración divina. Como pobre sustituto, el analista fundamental debe revisar el pasado de la empresa, revisar sus planes de inversión e interiorizarse de las habilidades del grupo de ejecutivos claves.

Para los inversionistas principiantes que deseen adoptar el enfoque fundamental bastará con entender, a lo menos, cierta información esencial y sus implicancias en las decisiones de compra y venta de las acciones:

a. Relación Precio / Utilidad:

Este índice es de gran importancia para los fundamentalistas y dice relación con el número de veces que las utilidades por acción están contenidas en el precio. Expresado de otra manera, el precio transado para una determinada acción equivale a un múltiplo de las utilidades anuales por acción.

$$RPU = \frac{\text{Precio de mercado por acción}}{\text{Utilidades Anuales por acción}}$$

Muchas personas suelen interpretar este índice como el número de años que demorarían en recuperar su inversión. Mirado de esta forma, también podría interpretarse que el valor inverso del RPU sería como una cierta rentabilidad nominal anual. Por ejemplo, para una RPU de 12, equivaldría a una rentabilidad nominal anual de 8.33%.

En la prensa normalmente aparece este índice, pero es calculado en base a las utilidades reportadas para el período anterior, con respecto al precio actual, por lo que, no se puede considerar un índice realista.

En términos prácticos, se puede interpretar que una acción está cara cuando presenta una RPU alta, y por el contrario, está barata cuando presenta una RPU baja. Históricamente se puede considerar que un valor razonable para este índice es alrededor de 13, aunque depende del sector que se esté analizando. Sin embargo, en períodos de auge bursátil, los valores de referencia tienden a subir. Por ejemplo, en Chile, durante el período del auge bursátil 1994-1995, el valor promedio se encontraba alrededor de 20.

Para que este indicador cumpla realmente con su función instrumental, debería utilizarse en su cálculo los flujos futuros de la empresa.

b. Rendimiento en Dividendos:

Este índice se refiere al porcentaje de retorno que representan los dividendos respecto al precio actual de mercado de una acción:

$$\text{Rendimiento en Dividendos} = \frac{\text{Dividendos por acción (anual)} * 100}{\text{Precio de mercado por acción}}$$

La importancia que se asigna a este indicador depende de la importancia que el inversionista le otorgue al pago de dividendos. Muchos inversionistas piensan que dividendos estables en el tiempo son una indicación de fortaleza financiera de la empresa. Pero este razonamiento no es necesariamente correcto, ya que los dividendos pagados son el reflejo de la política de reparto de utilidades aprobada por el directorio de la empresa. Muchas veces ocurre que, aunque las utilidades hayan disminuido, el directorio puede decidir mantener estable el monto de los dividendos pagados, a cuenta de utilidades futuras, con el objetivo de proyectar una imagen de solidez a sus inversionistas. También puede suceder que, aunque las utilidades se hayan incrementado, el directorio decida mantener el monto de dividendos.

Al igual que la RPU, no existe una exacta correlación entre este indicador y la calidad de la inversión.

c. Valor Bolsa / Valor Libro:

En términos simples, el Valor Libro de una acción es la cantidad de dinero que un accionista puede aspirar a recibir, si los activos tangibles de la compañía fueran vendidos al valor que aparecen en los balances, después de pagar todos sus pasivos.

El precio de una acción en el mercado es comparado con su Valor Libro para determinar su posición con respecto a su "valor real".

Algunas veces puede ocurrir que el precio de una acción esté por debajo del Valor Libro. El análisis fundamental interpreta esta situación como una señal de compra, ya que la empresa se estaría transando por un valor inferior al valor neto de sus activos. Al invertir en una acción de este tipo y manteniéndola por un tiempo, el inversionista eventualmente podrá tener una ganancia si el precio sube para ajustar el índice de ese determinado sector. Muchas empresas nuevas o de alto crecimiento tienden a tener alto Valor Libro. Algunas de estas empresas que no tienen un flujo de caja estable, comparado con empresas de larga tradición, deben reinvertir sus utilidades al no tener facilidades de crédito, en vez de pagarlas como dividendos. Por lo tanto, se puede mal interpretar este incremento de su Valor Libro como si fuera un incremento de sus activos.

Como se puede observar, la tarea del analista fundamental no es del todo segura ni fácil, y los esfuerzos que debe desplegar para captar en su verdadera esencia la real situación de una empresa, son muy grandes.

El Análisis Técnico Bursátil

De acuerdo a la definición del prestigiado autor Martin Pring, el análisis técnico es el arte de identificar los cambios de tendencias de los precios de las acciones en su comienzo, y de mantener una posición en el mercado hasta que el peso de las evidencias indiquen que dicha tendencia se ha revertido.

En términos prácticos, este análisis es el arte de rastrear en el mercado el movimiento causado por otros, siguiendo las huellas dejadas a su paso, mediante el seguimiento de la evolución del precio de las acciones y sus volúmenes transados.

La paternidad de este tipo de análisis se le atribuye a Charles Dow, quien inició estos estudios estadísticos en 1903 y demostró el comportamiento cíclico de los precios de las acciones, basándose en el concepto del equilibrio perfecto de la oferta y la demanda. El axioma principal en que se basa esta teoría es que el mercado internaliza en el precio toda la información relativa a la acción de la empresa analizada, y establecerá tendencias al alza o a la baja, perfectamente definidas. La contribución de Charles Dow al análisis técnico moderno es innegable. Su enfoque aportó un método totalmente nuevo en la historia del análisis de los mercados bursátiles.

El precio y los volúmenes transados son el lenguaje del mercado. Es la única forma real en que el mercado expresa lo que está haciendo o intenta hacer. El análisis técnico le toma la delantera a otro tipo de estudios tales como financieros, macroeconómicos, políticos, etc., en términos de que es el más puro reflejo de la inteligencia del mercado, en sí mismo.

Como se trata de un remate entre compradores y vendedores de acciones, este tipo de análisis distingue dos flujos de dinero, según el grado de acierto para obtener un diferencial de precio positivo en las transacciones: El *Dinero Astuto* y el *Dinero Ingenuo*.

El Dinero Astuto podrá disimular sus intenciones en el mercado de muchas formas, pero no puede finalmente esconderlas. El mercado reflejará todos sus movimientos, en términos de variaciones de precio, cambios en los volúmenes transados, y todo tipo de indicador estadístico definido mediante el análisis técnico.

Quienes están detrás del Dinero Astuto no son gente misteriosa. Son, simplemente, todo el grupo de gente que interpreta correctamente el mercado. La conformación del grupo de los *Astutos* está continuamente cambiando, y realmente no tiene importancia alguna conocer su identidad para el desarrollo de este "juego".

En sus orígenes, en los años 1920 a 1930, el análisis estadístico y la confección de las cartas con series de precios eran hechas a mano por los seguidores de este estilo de análisis. Lamentablemente, rara vez lograban estar al día con sus estadísticas y cálculo de indicadores. Su credibilidad era relativa y se les llamaba despectivamente, "cartistas". Con la irrupción de los computadores, en 1950, se crearon técnicas estadísticas modernas para el análisis bursátil, llevado a cabo por instituciones. Finalmente, al término de la década de 1970, se puso a disposición del público los computadores personales, abriéndose de esta manera un nuevo horizonte de análisis técnico al alcance del inversionista común.

Los tecnicistas, hoy en día, han alcanzado su madurez, gracias a la computación y a softwares amigables, que despliegan con un mínimo de esfuerzo, toda clase de indicadores y diagramas que permiten hacer a tiempo los análisis requeridos para tomar decisiones bursátiles. Es de mencionar que el solo hecho de usar la ayuda de un computador le confiere un aura de "misterio" inmerecida.

Los avances tecnológicos en herramientas computacionales amigables están abriendo un nuevo horizonte a la ciencia bursátil y terminarán por conferirle una nueva dinámica a esta área de negocios, permitiendo la participación activa de un gran número de especuladores "modernos".

Hoy en día, el análisis técnico es ya aceptado como una área de estudios bursátiles en la mayoría de las universidades norteamericanas y firmas de corredores de Bolsa. En los mercados desarrollados, rara vez se realizan grandes inversiones sin revisar antes el ambiente que ampara el análisis técnico. Aun así, a pesar de esta aceptación sin discusión de su validez, el número de personas que lleva a cabo con éxito el tipo de análisis técnico permanece relativamente bajo.

Capítulo XVI

EL ANALISIS FUNDAMENTAL VERSUS EL ANALISIS TECNICO

"...y después de un combate sin consecuencias, se sentaron a conversar. El cruzado, un europeo del norte, comentó que en el país donde vivía, en el invierno, la superficie de los lagos se hacía tan dura que se podía cabalgar sobre ella. El sarraceno lo miró con desconfianza, y confirmó algo que siempre había escuchado: los cristianos eran unos mentirosos."

WALTER SCOTT

El análisis fundamental es un método legítimo de análisis de las empresas y, por lo tanto, de la proyección del precio de las acciones; pero se basa en antecedentes contables con por lo menos seis meses de retraso, y por otra parte, estará ligado indefectiblemente a la materialización de los planes de la empresa en el tiempo futuro. Esto hace que este tipo de análisis sea utilizado por los inversionistas de largo plazo.

No debe restarse valor al hecho de que los acontecimientos futuros pueden trastocar este tipo de análisis en forma impredecible, ya que no se dispone de una bola de cristal para predecir el futuro, en ningún sentido. A veces, incluso, se derrumban ramas enteras de un sector, como consecuencia de nuevos descubrimientos técnicos. Para preverlos, habría que ser futurólogo en vez de especialista en la Bolsa. Aunque se conozca a fondo una rama determinada, no se puede saber de donde surgirá la competencia de todo el sector, o de una empresa en particular.

Pero esas evoluciones o cambios estructurales a largo plazo, no tienen realmente mucho que ver con los auténticos movimientos cíclicos de la Bolsa.

La gran mayoría de los inversionistas en el mercado bursátil sigue el tipo de análisis fundamental, el cual se basa en los análisis de los balances, utilidades, relación precio/utilidad, valor libro, informaciones o noticias acerca de toma de control de la empresa, fusiones, divisiones, nuevas tecnologías y productos. Pero, además, está influenciado por el dato del amigo o del corredor, dato incomprobable, pero que constituye la gran tentación de tomarlo como cierto.

El análisis técnico, por su parte, utiliza como única fuente de información la evolución de los precios de las acciones y los volúmenes transados. Otro factor que es considerado casi como un axioma, en este tipo de análisis, es que el mercado internaliza en forma casi instantánea las informaciones relacionadas con cada empresa, como por ejemplo fusiones, divisiones, quiebras, etc., reflejándolas en el precio casi inmediatamente, mucho antes que sean de dominio público. Muchas veces se podrá observar que, cuando se entregan noticias al público, los precios de las acciones no varían. Esto se debe al hecho de que estaban ya reflejadas en el precio.

La verdadera información fundamental que causa movimientos de mercado tiene su origen en la fuente interna de la empresa, e involuntariamente otorga a los *"insiders"* la ventaja de conocerla y actuar en consecuencia, a pesar de los esfuerzos de la Superintendencia de Valores para controlarlos. Luego, los profesionales descubren la noticia y las grandes instituciones toman importantes posiciones en sus carteras. Finalmente, la información llega a los ingenuos inversionistas comunes y corrientes, quienes empiezan a comprar atraídos por el bullicio de la fiesta, lo que impulsa el precio aún más arriba. Los tecnicistas plantean que, aunque ellos no tengan acceso a esta información privilegiada, mediante la observación cuidadosa del comportamiento del precio se puede detectar el "perfume" del dinero astuto, y sin saber detalles mayores de los acontecimientos en particular, pueden tomar posiciones de compra, mucho antes que el público en general.

El análisis técnico no intenta predecir el comportamiento del precio de las acciones, sino que sigue las evoluciones del mercado y saca sus conclusiones en consecuencia, ayudándose de indicadores estadísticos, que permitirán hacer un juicio objetivo, evitando de esta forma tomar malas decisiones emocionales.

El análisis técnico, que analiza los ciclos que desarrollan las acciones, desde estar *"baratas"* hasta ponerse *"caras"*, se aplica preferentemente a plazos medianos, desde una semana hasta algunos meses, a diferencia del análisis fundamental, que se aplica a más largo plazo.

La especulación a largo plazo o a mediano plazo implica terrenos fundamentalmente distintos. Las reglas del juego de esos dos campos son distintas, y las de uno de ellos no pueden ser aplicadas al otro. Cuando uno se pasa de un campo al otro, no tendrá éxito en ninguno de los dos.

Cómo se concilia el Análisis Fundamental con el Análisis Técnico

La diferencia de apreciación de la realidad de ambas corrientes hace que el juego de la Bolsa sea posible y eterno, ya que jamás existirá un consenso en el análisis del mercado bursátil.

La controversia entre las dos corrientes de análisis, la fundamental y la técnica, está centrada en que no pueden ambas tener la razón al mismo tiempo. Este fenómeno podría ocurrir en espacios de tiempo muy cortos; pero, a la larga, no pueden coexistir. El autor André Kostolany describía que la lógica de la aritmética de la Bolsa es: dos más dos es igual a cinco menos uno, queriendo expresar así, que en el plazo inmediato el mercado no refleja el resultado del análisis fundamental; pero luego, al correr del tiempo, se concilia con las predicciones.

Los que causan los verdaderos movimientos del mercado son los profesionales fundamentalistas, y quienes siguen esos movimientos que ellos no han causado, son los tecnicistas.

El gran número de inversionistas de largo plazo que utiliza con éxito el análisis fundamental atestigua los méritos de dicho enfoque. Sin embargo, el análisis técnico también tiene un mérito considerable, aunque aún no todos los inversionistas crean en él.

Por último, dentro de las mismas corrientes de fundamentalistas y tecnicistas, es común encontrar diferentes interpretaciones y conclusiones a partir del análisis de la misma información. ¡Esa es la verdadera gracia del juego!

Un observador inteligente dijo "...si todo el mundo pudiera comprar al precio mínimo y vender al precio máximo, el mínimo se volvería el máximo y el máximo el mínimo".

Otro hecho importante que colabora a la existencia de dos bandos de jugadores, unos comprando y otros vendiendo acciones, radica en que los inversionistas pueden, sólo en principio, definir si serán jugadores de largo plazo o de mediano plazo, pero en la práctica la mayoría cambiará su parecer en función del comportamiento del mercado y sus emociones, o en función de los imprevistos de urgencia económica que le ocurran. Esto hace que en todo momento sea posible concretar las transacciones de compra venta de acciones, independiente de la posición del precio en el ciclo.

No obstante todo lo anterior, el mercado será el árbitro final, tanto para fundamentalistas como tecnicistas, e independiente de cómo percibamos las noticias o interpretemos como **bullish** o **bearish** las situaciones, el mercado se comportará exactamente como él quiera hacerlo, y no como nosotros desearíamos.

Capítulo XVII

EL JUEGO DE LOS ASTUTOS Y LOS INGENUOS

"Chi pecora si fá, il lupo se lo mangia."
DICHO SICILIANO DE MI ABUELO

El juego de la Bolsa es el equilibrio perfecto de la oferta y la demanda. En todo juego se requieren dos oponentes y, por lo tanto, nadie puede comprar una acción a menos que alguien la venda y, por otra parte, nadie puede vender una acción a menos que otra persona desee comprarla.

Así entonces, una acción subirá de precio al restringirse su oferta o aumentar su demanda, llegando hasta un máximo de precio al cual ya el público considere que está **cara** o *"sobrecomprada"*, y ya nadie más tenga interés en adquirirla. En ese momento, quienes compraron barato desearán venderlas para materializar su ganancia virtual, aumentando de este modo la oferta al mercado. Este aumento de oferta producirá una baja del precio de la acción hasta un precio tal que el mercado considere que está **barata** o *"sobrevendida"*, y muchos vean con interés su adquisición. Este aumento de la demanda hará volver a repetir el ciclo anteriormente descrito.

Esto se puede comprobar en todo mercado bursátil y en cualquier acción. Por supuesto que no se puede pretender que la serie de precios describa una curva ascendente o descendente, en forma perfecta, continua y sin oscilaciones, ya que estará afectada por muchos eventos externos e información del sector, las cuales producirán perturbaciones a su periplo entre los puntos máximos y mínimos, todo lo cual no logrará alterar mayormente su órbita central.

Las vibraciones que se observan son la expresión de la sobrerreacción del mercado frente a los acontecimientos, y de "ruidos" en el sistema. Por supuesto que si las series de tiempo se realizaran en base semanal, las vibraciones casi desaparecerían, permaneciendo solamente la tendencia central.

Las oscilaciones diarias de corto plazo son movimientos impredecibles, incalculables y muchas veces contradictorios. Esto hace que el juego bursátil de corto plazo sea algo muy parecido al juego de azar neto, lo cual está fuera del alcance de este libro.

Por lo tanto, el meollo del juego residirá en la habilidad para rastrear buenas oportunidades de compra y, una vez evolucionado el precio, en proceder a su venta marginando la diferencia a su favor.

En este contexto, el "juego" de la Bolsa consistirá en intentar traspasar la ganancia virtual reflejada al otro lado del espejo, hacia el mundo físico tangible. Mientras eso no se logre, todas las ganancias virtuales que se puedan calcular son imaginarias, y para todos los efectos prácticos, no cuentan. Sólo tendrán validez cuando se hayan tomado las decisiones necesarias para traspasarlas al plano físico concreto. Antes de lograr esto, sólo serán ilusiones especulativas.

Entonces, en este juego habrá dos grupos de gentes: los *"astutos"* y los *"ingenuos"*.

Los astutos tienen dinero como capital propio, tienen paciencia y nervios lo suficientemente templados para no reaccionar con exagerada excitación ante cualquier acontecimiento de menor importancia, y tienen ideas propias, es decir, saben actuar de manera cerebral utilizando la mente de modo reflexivo y conceptual.

Los ingenuos, por su parte, son aquellos que tienen poco dinero como capital propio y generalmente superado por sus deudas, tienen poca paciencia, sus nervios son débiles y no alcanzan a comprender que la Bolsa no reacciona automáticamente ante cada uno de los acontecimientos que se producen, como podría pensarse que debería hacerlo de acuerdo con la lógica. El ingenuo carece de capacidad de análisis conceptual y actúa de manera puramente emocional. Si los otros compran, él compra también; si los otros venden, él hace lo mismo. Se trata de una molécula más de la masa y actúa con ella.

En la Bolsa, consecuentemente, todo dependerá en qué manos se encuentren las acciones. Si son los astutos quienes poseen la mayor parte de ellas, la Bolsa estará bien dispuesta para un movimiento al alza interesante, aun cuando las noticias no sean en absoluto favorables.

Si por el contrario, la mayor parte de las acciones están en manos de los ingenuos, cualquier noticia pesimista, por poco importante que sea, puede provocar el desastre.

Es muy fácil comprar una acción en el fondo del ciclo, ya que habrá muchas personas deseosas de deshacerse de ellas para ponerse a salvo, pero es muy difícil hacerlo, porque, sicológicamente, el miedo a que sigan bajando será la fuerza que se nos oponga. Asimismo, es muy fácil vender una acción en el tope máximo de su ciclo, ya que muchas personas desearán sumarse a la fiesta del alza, pero es muy difícil hacerlo, porque la ambición será la fuerza que se nos oponga, haciéndonos creer que seguirán subiendo, a pesar de que las indicaciones técnicas muestren que el ciclo está por expirar.

Así, como podemos apreciar, dependerá de nosotros mismos el pasar a formar parte del grupo de los astutos o de los ingenuos.

También es muy común que ocurra que luego de un gran análisis fundamental o técnico tomemos una posición en el mercado que resulte equivocada. Hemos actuado como "astutos", pero involuntariamente pasaremos a formar parte del grupo de los "ingenuos".

Capítulo XVIII

DESARROLLO DE LOS CICLOS

"Como en la naturaleza, en lo bursátil también se producen ciclos con oscilaciones entre máximos y mínimos. Todo lo que sube, ha de bajar; y lo que baja, ha de subir."

J. MELI

El mercado es un oponente de cuidado que usará todas sus argucias para confundirnos, pero al final no podrá evitar dejar plasmadas sus huellas en el precio, develando así sus intenciones. Intentará confundirnos en el desarrollo de sus ciclos, extendiendo los cambios de tendencias al final del período, efectuando confusas oscilaciones; pero, finalmente, no podrá eludir pasar por cada una de las etapas de su ciclo inexorable: nacimiento, desarrollo, maduración, expiración y desplome.

El desarrollo de los ciclos sigue la siguiente dinámica:

Supongamos que la Bolsa se encuentre deprimida y las cotizaciones hayan descendido profundamente, tras un período de auge anterior. La causa pudiera deberse a un sobrecalentamiento de la economía y la autoridad económica hubiera determinado controlar el crecimiento desmedido mediante el alza de los intereses como medida antinflacionaria, ya que siempre, detrás del crecimiento excesivo, estará agazapada la inflación. Hay poco dinero disponible en el sistema para comprar acciones, y entre los inversionistas domina el pesimismo respecto al desarrollo de la economía del país y las actividades de las empresas. Las acciones, a causa de su caída, han sido ahora recogidas a precio de liquidación por los astutos. En esta situación, si se difundieran noticias negativas y el precio de las acciones no decayera, significaría que ya prácticamente todas las acciones se encuentran en manos astutas. Luego, el mercado podría entrar en un letargo a ese nivel durante un determinado tiempo, exceptuando pequeños movimientos sin importancia, causados por noticias de dividendos, que, como ya estaban previstos, no tendrían mayor influencia.

Al cabo de cierto tiempo, cuando las autoridades económicas del gobierno evaluaran que la economía se ha ajustado e incluso ha frenado su crecimiento, entonces el banco emisor rebajaría la tasa de interés, para encauzar nuevamente el crecimiento que se encontraba regulado a causa de los altos intereses. A partir de ese momento, habría más dinero disponible y la Bolsa se volvería nuevamente una alternativa atractiva. Llegarían así los primeros especuladores, los más duros profesionales, los pioneros, que comenzarían a comprar, como es natural, a precios ya en alza, ya que de otro modo no habrían salido a la venta de las firmes manos de los astutos en que se encontraban.

Al principio se compraría poco y despacio, a precios tímidamente en alza para atenuar la tendencia pesimista. De esta manera llegarían nuevos interesados, las cotizaciones subirían un poco más y, paulatinamente se gatillaría una reacción en cadena: menos pesimismo, nuevas compras, precios altos, optimismo, precios más altos, etc. Así se desarrollaría la primera fase del movimiento al alza.

Bajo la influencia de la rebaja de la tasa de interés se volvería a enderezar el curso de la economía y llegarían nuevas noticias sobre utilidades de las empresas.

Los precios de las acciones acompañarían este nuevo desarrollo optimista, fundamentado económicamente y comenzarían su carrera al alza de manera paralela.

Al mercado acudirían cada vez más interesados, especuladores, y pequeños inversionistas. En un momento dado, gracias al optimismo general, al tipo de intereses y a las crecientes utilidades de las empresas, se llegaría casi a la euforia. Llegarían cada vez más compradores que harían elevar a grandes alturas los precios. No se vería riesgo alguno y predominaría tan sólo un ilimitado optimismo. Esta fase es una sobrerreacción del mercado.

A esta altura del juego, los astutos que habían comprado a precios muy bajos al inicio del ciclo, ya han terminado de distribuir sus acciones vendiéndolas a muchos ingenuos, que se han unido a la fiesta del alza a última hora. Incluso, muchos de ellos serán capaces de conseguir créditos para comprar acciones aprovechando los bajos intereses.

Un mercado *sobrecomprado* o caro, y cargado de créditos es extraordinariamente peligroso; existe el riesgo cierto de que se derrumbe en cualquier momento, aunque no tenga motivos reales para ello. Es el típico caso de un gran número de poseedores de acciones inexpertos y temerosos, los que desearían salirse rápidamente, aunque fuera con una ganancia mínima, o incluso con una pérdida mínima. Dejando de lado que no tienen experiencia, y dada su situación financiera, no deberían haberse permitido comprar acciones, quizás porque han empleado dinero que debían tener en reserva para otros fines, o lo han hecho consiguiendo crédito.

Como esta euforia tiene efectos inflacionarios, el banco emisor comienza a hacerse más prudente y empieza a elevar nuevamente la tasa de interés y a restringir la liquidez. Los ingenuos que compraron en plena euforia aún esperarán que vengan otros, más ingenuos que ellos, a comprarles sus acciones a más altos precios. Pero a consecuencia del alza de los intereses, el flujo de dinero comienza a disminuir y los precios de las acciones frenan su alza. Como algunos especuladores no pueden ya vender más alto, deciden abandonar el mercado y venden. Al principio lo hacen despacio y en poco volumen. Esta es la primera fase del movimiento de caída. Poco a poco van llegando las malas noticias económicas, y ello se acompaña de un descenso del precio de las acciones. Las cotizaciones descendentes y las malas noticias vuelven asustadizos a los demás, y comienza así otra vez la reacción en cadena, pero en dirección contraria. Las ventas causan caídas de precios y aumentan más aún las ventas, produciéndose finalmente un pánico que terminará con una desbandada general. Esta también es otra fase de sobrerreacción del mercado, pero el período de caída es mucho más corto que el de ascenso.

En el caso de una baja de las cotizaciones, son los astutos los que compran en su gran mayoría, dado que se sienten mucho menos afectados por el pánico producido por la baja, y además disponen de dinero, de paciencia y de ideas. En la mayoría de los casos en que ocurre esta baja, se trata de una caída que alcanza una profundidad injustificada, de la que sólo es culpable la histeria del público y las ventas generalizadas por parte de los poseedores de las acciones. Puede llegar a ocurrir que los ingenuos ya lo hubieran vendido todo y las acciones quedaran en manos de los astutos por un tiempo, esperando que comience nuevamente el ciclo de alza de precio.

Resulta paradójico que en el caso de subida de los precios de las acciones, los volúmenes de las transacciones son pequeños, cosa que indica la continuación de la tendencia ascendente, hasta que se alcanza el momento en que se produce un aumento general del público que acude a comprar como hipnotizado por las acciones. Está claro que el público reacciona bajo presión sicológica. En el punto más bajo se trata de una acumulación en manos de los astutos, unos pocos tan sólo. En el punto más alto de las cotizaciones, de un reparto en muchas manos de ingenuos.

Paralelamente a estos movimientos, las grandes instituciones financieras podrían utilizar la maquinaria de la publicidad para hacer al público sensible a la Bolsa. Las nuevas emisiones de acciones se ofrecerían agresivamente al público, a través de los bancos y se ofrecerían, además, créditos blandos. Después que los ingenuos hubieran comprado sus acciones, llega el momento en que eso no continúa. Los precios se estancan o bajan algo. Muchos poseedores de acciones comienzan a perder su paciencia. Para ellos es una sorpresa desagradable. Cuando adquirieron las acciones tenían el convencimiento, tras las promesas de los promotores de la maniobra, de que las cotizaciones subirían con toda seguridad. Si la Bolsa bajara, considerarían aquello como un agravio personal y una alta traición. La mayoría del público que acude al boom bursátil está poco adiestrado, y en absoluto vacunado contra las pérdidas y ni siquiera puede pensar que, a pesar de las recomendaciones de los promotores, las cotizaciones puedan bajar o llegar a veces a profundidades insospechadas.

Algunos años atrás, Richard Russell, uno de los más grandes seguidores de la teoría Dow, estableció un principio muy importante. Demostró que durante los primeros dos tercios del ciclo ascendente, el público general o ingenuos, se comporta temeroso y durante el tercio final se vuelve confiado y optimista. Esa confianza dura los dos primeros tercios del ciclo descendente y se convierte en temor hacia la fase final del ciclo a la baja.

Por otro lado, los astutos se comportan confiados durante los dos primeros tercios del ciclo ascendente, y se vuelven temerosos al llegar el tercio final del ciclo. Su actitud temerosa dura los dos primeros tercios del ciclo a la baja y se convierte en actitud confiada y optimista al llegar el último tercio del ciclo.

Así ha quedado establecido el mapa de la batalla. Mientras los astutos están comprando acciones durante los dos primeros tercios del mercado al alza, los ingenuos se las están vendiendo. El gran cambio se produce al llegar al último tramo. Ahora, los astutos distribuirán las acciones compradas previamente, y que los ingenuos en forma gozosa les arrebatarán de sus manos. Los astutos continuarán descargándose de sus acciones durante los dos tercios del mercado a la baja, y el público seguirá comprándolas confiando ciegamente en que el precio repuntará. Una vez que se llega al tercio final del ciclo a la baja, se percata de que en realidad algo anda mal, y comienza a vender sus posiciones, las cuales son nuevamente compradas por los fríos y calculadores astutos, que no olvidan el desarrollo de los ciclos.

Al margen de la teoría de Russell, el especulador cuidadoso debiera comenzar a comprar recién en la primera fase de alza, cuando ya se ha confirmado la tendencia alcista. Luego debe dejar correr los acontecimientos, comenzar a vender cuando el movimiento del alza parece eufórico, y terminar de vender cuando los precios ya han confirmado la expiración de su ciclo alcista.

Lo anterior aparece como un proceso muy simple, pero en la realidad no lo es. Sin la ayuda del análisis técnico, esta actitud es extraordinariamente difícil de lograr. La mayor parte de los asistentes a la Bolsa piensa siempre en la misma dirección, y por eso es difícil apartarse de la opinión general. Resulta duro ser optimista cuando todos están afligidos, y ser pesimista cuando todos gritan de alegría. Por esta razón, la clave está en actuar de manera analítica y no guardar consideración alguna a la opinión del público bursátil.

Capítulo XIX

ACERCA DE LOS ESPECULADORES

"Si la especulación bursátil fuera tan fácil,
no habrían mineros, leñadores,
ni otros trabajadores en labores pesadas.
Serían todos especuladores."
ANDRÉ KOSTOLANY

Siempre escuché de mis mayores, cuando era pequeño, que debía tenerse mucho cuidado con la Bolsa, porque el abuelo no le había hecho un buen favor a su reputación, especulando en ella. Efectivamente, y sin razón objetiva, en nuestra cultura el término "especulador" tiene una connotación de desprestigio. Tanto es así, que en la definición para este término dada en el Diccionario de la Real Academia Española, se refiere a la especulación como la acción de efectuar operaciones comerciales o financieras con la esperanza de obtener beneficios, basados en las variaciones de precios, y acota que es usado frecuentemente con sentido peyorativo. Por supuesto que existe una ética para especular.

El verbo especular, etimológicamente proviene del latín **Speculari**, derivado de *speculum* o espejo y *specere* o mirar, que significa la imagen reflejada en un espejo. Combinando ambas acepciones, la literal y la etimológica de esta palabra, se podría pensar que la acción de especular es como asomarse al mundo de la realidad virtual reflejada en un espejo en busca de información futura que permitirá tomar decisiones en nuestro mundo real del presente, para emular la imagen proyectada.

A la familia de los especuladores pertenecen muchos personajes famosos de la historia. El primer especulador podemos ya encontrarlo en la Biblia: José de Egipto, quien se dedicó a especulaciones verdaderamente arriesgadas. Este hábil consejero de finanzas del faraón supo sacar a tiempo las consecuencias de los sueños de su señor con las siete vacas gordas y las siete vacas flacas. Durante los siete años de abundancia decidió almacenar los excedentes de las cosechas, acumulando así grandes cantidades de cereales que, durante los años de escasez, volvió a poner en el mercado.

Pero no todo el que está relacionado con la Bolsa es un especulador. En el mundo debe haber miles de agentes de Bolsa, asesores de inversiones, administradores de carteras, empleados de las distintas Bolsas que cantan los resultados, y millones de personas que han convertido el "juego" de la Bolsa en una profesión.

Existen, además, los inversionistas que llevan a cabo enormes transacciones en las que se juegan millones. Pero los conceptos inversionista y especulador no deben confundirse.

El inversionista o financista se interesa por su negocio, trata de asegurar mayorías en los directorios de sus empresas, planea fusiones, consigue en la Bolsa el capital necesario para lanzar nuevos proyectos y, por medio de la Bolsa, logra controlar las sociedades que quiere dominar, causando grandes movimientos de ventas y compras de acciones, que tienen consecuencias importantes en los precios de las acciones de toda la Bolsa.

El especulador, por su parte, es un espectador pasivo de los movimientos que él no ha causado, pero de los cuales intenta beneficiarse. Lejos del bullicio, libre de las confrontaciones de las ruedas, el especulador reflexiona sumido en sí mismo, y medita sus movimientos alejado del mundanal ruido. El especulador normalmente trabaja solo, no tiene jefe ni empleados y puede disponer de su tiempo con total libertad; pero, a su vez, tiene que habituarse a estar en un permanente estado de alerta, para saber interpretar correctamente las tendencias del mercado.

Siempre existirá la polémica acerca de si la persona es un "especulador", término peyorativo, o es un "inversionista", término socialmente aceptado. La especulación implica tomar riesgo en situaciones que si resultan como pensamos, podemos obtener ventajosas rentabilidades. Bajo esta definición, una persona que realice un análisis riguroso, fundamental o técnico, con el objetivo de minimizar el riesgo al comprar una acción, no es un *especulador* sino un *inversionista*, de largo o corto plazo.

En la Bolsa entonces, no hay tan sólo inversionistas de largo plazo, sino también "especuladores", quienes compran acciones solamente por un breve espacio de tiempo. Unicamente desean actuar por un período muy breve, a veces de veinticuatro horas o de unos cuantos meses, y su propósito no es invertir realmente su dinero en las empresas, sino obtener un diferencial de precio entre la compra y la venta de una acción.

El grupo de los especuladores es extraordinariamente importante para el buen funcionamiento de la Bolsa. De no existir, habría que inventarlos, ya que mediante sus transacciones, elevan la cifra de las operaciones. Esto es muy importante, ya que mientras mayor es la cifra, mayor es la garantía de liquidez para los inversionistas, cuando desean convertir sus acciones en dinero. En una Bolsa con gran volumen de transacciones es posible comprar o vender un importante volumen de acciones, sin alterar esencialmente el mercado.

En una Bolsa con pequeñas transacciones esto no sería posible, ya que con la compra o venta de un gran volumen, se afectaría inmediatamente la tendencia del mercado.

El especulador es criticado porque toma de otros sus ganancias. Pero analizando la situación, y a modo de reivindicar su fama, sólo "perjudica" a los que tienen que vender sus acciones, habiéndolas comprado a precios más altos. Aquellos especuladores que desarrollan su estrategia en los tramos del mercado al alza, pueden obtener sus ganancias al comprar y vender sus acciones a otros sin perjudicarlos. Por otro lado, deberá tenerse presente que las reglas son iguales para todos y el especulador, astuto o ingenuo, pagará sus errores otorgándole ganancias a los demás. ¡Esto lo hace un juego justo! Por lo tanto, el aspecto fascinante de la Bolsa es aprender a minimizar los errores.

En la actualidad, el ciudadano orientado de manera progresista debe tener al menos un mínimo de conocimientos financieros y acerca de la Bolsa, o dicho de otro modo, sobre la "especulación". La forma que cada uno elige para ahorrar es asunto personal, y cada uno elegirá una u otra forma de inversión, evaluando el riesgo que está dispuesto a sostener. Al especular, no existe protección absoluta contra el riesgo, pero a lo menos se puede intentar un sistema que lo minimice, aunque no existe una ciencia teórica que pueda aprenderse sin la ayuda de la experiencia.

Antes de llegar a comprender acertadamente la "especulación bursátil" y, más aún, antes de dominarla, aunque sea tan sólo un poco, hay que pagar caro el aprendizaje. Puede decirse que el dinero ganado en la Bolsa es el salario del dolor. Primero llegan los sufrimientos, y sólo después se gana el dinero. Se puede afirmar que quienes no especulan, o que al menos no colocan su dinero en inversiones con cierta fantasía, no lograrán multiplicar fácilmente sus recursos.

En una oportunidad le preguntaron a André Kostolany, uno de los bolsistas más famosos del mundo, si estaría dispuesto a aconsejar a su hijo que se dedicara a la especulación bursátil. "¡Por supuesto que no!", fue su respuesta, "Si yo tuviera un hijo, debería ser compositor. El segundo, pintor; y el tercero, periodista o escritor". Y añadió: "Pero el cuarto, debería ser necesariamente 'especulador', ¡para poder socorrer a sus otros hermanos!".

La especulación en la Bolsa es lo que para otros es el juego de la ruleta en el casino. La especulación es un juego intelectual que, para aquellos que apasiona, produce más satisfacción que el propio dinero.

Enfrentado al mercado, el especulador tiene sólo dos posibilidades: el precio de la acción que ha comprado puede subir, o puede bajar. Cuando de las dos posibilidades se ha optado por la buena, todavía no es ello causa suficiente para presumir, ya que puede ser un golpe de suerte, como cualquier juego de azar.

Cuando el especulador logra tener éxito, tiene que comportarse modestamente, y en ningún caso hacer alarde de ello, ya que incluso el más torpe podría lograr éxito en la Bolsa, sobre todo porque la tendencia del mercado, como se verá más adelante, la forman los ingenuos que son las moléculas integrantes de la multitud que mueve el mercado bursátil.

Cuando el especulador principiante no logra tener éxito, no debe lamentarse. Como decía un colega de trabajo, siempre cuando las cosas no resultan como esperamos, no podemos evitar pensar que la otra opción que teníamos era la que debimos haber tomado. Obviamente esto sucede porque conocemos el resultado de la que no fue lo suficientemente buena. Si la opción elegida fuera la que da los buenos resultados, ¡no nos detendríamos siquiera a cuestionarlo!

Sólo una gran experiencia concede al especulador eso que se llama sensibilidad y tacto para apreciar una determinada situación. Hasta el especulador con más experiencia y acostumbrado a desenvolverse incluso en las más difíciles circunstancias puede equivocarse, y yo me atrevería a decir aún más: tiene que equivocarse para poder reunir las experiencias suficientes. Un "especulador" de Bolsa que en su vida no se haya arruinado alguna vez, no merece ese nombre.

Una antigua regla de oro de los especuladores aconseja que: cuando uno se pase toda una noche sin dormir, a causa de una inversión en la Bolsa, debe deshacerse inmediatamente de ella.

La mejor definición del especulador de Bolsa que he encontrado es la siguiente: El especulador es como el buen jugador de póker, el cual gana mucho cuando tiene buenas cartas, y cuando tiene malas, pierde poco.

Acerca de las características que debe tener un buen especulador

Para triunfar en la contienda bursátil, el "especulador" que sigue los métodos tradicionales debe ser casi un ser excepcional.

Aparte de ser un erudito en finanzas, debe tener desarrollada la perspicacia, es decir la capacidad de comprender la coherencia de las situaciones y poder distinguir entre lo lógico y lo ilógico de las noticias de la prensa.

Debe tener desarrollado el sexto sentido de la intuición. Normalmente los largos años de experiencia le ayudarán en forma natural a tener esta lógica subconsciente.

Debe tener paciencia y nervios templados, para saber esperar a que se hagan realidad sus planes.

Debe tener seguridad en las propias convicciones, pero en el momento preciso en que descubre el propio error, debe saber ser consecuente y salirse de esa posición. Como corolario de las características anteriores, la obstinación y tozudez son las peores. Por desgracia, los especuladores no tienen a menudo el temple y el dinero suficientes para resistir. Como consecuencia, al final sólo conservan la razón de su lógica, pero ya no pueden beneficiarse de ella.

En suma, como puede verse, el especulador que se enfrenta al mercado con los medios tradicionales, aparte de ser un erudito para comprender las finanzas de las empresas, leer las noticias y recoger los rumores, debe ser perspicaz, intuitivo, paciente y decidido, es decir, casi un superhombre para triunfar.

Afortunadamente, las herramientas del análisis técnico bursátil permiten cambiar las características que debe tener el especulador y simplifican el perfil del "jugador" haciéndolo más semejante al individuo normal.

El "especulador moderno", el que utiliza el análisis técnico bursátil, tiene la tranquilidad de que no requiere analizar afanosamente los balances ni estados financieros de las empresas ni visitar a su corredor para saber los últimos rumores, porque le asiste el convencimiento que cualquier movimiento subterráneo, más pronto que tarde, se verá reflejado en el precio de las acciones y, en consecuencia, a través de indicadores estadísticos podrá detectarlo, y finalmente determinar si es momento de comprar o de vender.

Por lo tanto, el "especulador moderno" debe ser un individuo informado, para mantener al día su cultura general de los acontecimientos que ocurren, pero en estricto rigor, sólo se le exige como máximo, que rescate de la prensa los precios de cierre y volúmenes de transacciones de las empresas que componen su base de datos.

La característica fundamental que debe tener el especulador moderno es la perseverancia y rigurosidad para seguir un procedimiento en forma sistemática y no violar las reglas establecidas, con impulsos emocionales o corazonadas de último momento.

La otra característica que adquiere importancia capital es la paciencia, ya que cuando se está graficando día a día la curva de precio de una acción, debe permitir que la evolución del precio deje plasmada, en la pantalla del computador, la orden de compra o de venta basándose en indicadores estadísticos conservadoramente establecidos. Este proceso pareciera que dura una eternidad para el impaciente, pero no se deberá cometer el error de apresurarse a interpretar las situaciones como quisiera que fueran, sino como realmente son. La aplicación rigurosa de un procedimiento previamente establecido y consistente en el tiempo será la única forma para minimizar el riesgo.

Para no caer en la euforia colectiva y cambiar la opinión formada por su método de análisis riguroso, es mejor que el "especulador" no acuda personalmente a la Bolsa, y evite el peligro de contagiarse con ese ambiente caprichoso y variable. En caso que desee hacerlo, tiene que mostrarse extremadamente firme y convencido de la certeza de sus puntos de vista, de modo que las opiniones de los que piensan distinto a él no le influyan en absoluto.

En lo que a mi respecta, casi he perdido la costumbre de visitar la rueda de la Bolsa. Prefiero decidir a solas en mi oficina, lo más lejos de aquel ambiente bullicioso movido por reacciones emocionales.

Capítulo XX

LA TRAMPA DEL EGO

"Es fácil detenerse cuando uno va de subida,
y difícil hacerlo de bajada."
NAPOLEÓN

En el juego de la Bolsa existe un conjunto de reglas básicas que todo especulador o inversionista debiera seguir, en términos de la más pura racionalidad, para tener éxito en el mercado bursátil:

1. Comprar acciones a precio bajo, venderlas a precio más alto.
2. Dejar correr las utilidades, pero cortar las pérdidas rápidamente.
3. Adherirse a posiciones ganadoras, pero nunca a posiciones perdedoras.
4. Ir con la tendencia.

Para el especulador que siga estas reglas tan simples de entender, debería ser imposible no vencer al mercado. La pregunta es: ¿Por qué se hace tan difícil seguirlas?

El problema reside en nosotros mismos, y no en las reglas en sí.

Por ejemplo, ocurrirá con frecuencia que actuamos apresuradamente al comprar acciones a precios altos, para luego ¡venderlas a precios más bajos! ¿¿Cómo??... Las causas de este actuar son muchas, y muchas también las excusas para justificarse uno mismo:

...que no pudo resistirse a la tentación de aprovechar el dato "a firme" que le dio el corredor de Bolsa, o... el dato de aquel amigo que trabaja en aquella empresa y tenía información privilegiada que aún no había sido publicada, o... como todos estaban comprando determinada acción, cierra los ojos y ordena comprar esperando unirse también a la fiesta, o... simplemente como los resultados publicados del último trimestre de dicha empresa estaban excelentes... Serán muchas las razones por las cuales nos veremos involucrados en decisiones equivocadas, y también serán muy humanas las excusas que encontraremos para poder conformarnos de haber sido tan ingenuos.

A menudo ocurrirá también que juzgamos que el precio de una determinada acción ya llegó a su fondo y compramos. Comprar en un mercado a la baja es presuntuoso, ya que implica que tenemos el poder de adivinar dónde se producirá el cambio de tendencia. Luego, empezamos a esperar ansiosamente que el mercado nos demuestre que teníamos razón y nos recompense cambiando la dirección de su tendencia descendente. Por supuesto que esto no ocurrirá tan fácilmente, y nos mantendremos "estoicamente" resistiendo el espectáculo de ver deslizarse hacia abajo, día tras día, el precio de nuestra acción que considerábamos barata, en ese entonces. Cuando ya las pérdidas sean demasiado cuantiosas, recordaremos que nos habíamos comprometido a cortar las pérdidas rápidamente, y nos convenceremos, recién entonces, de que sería mejor venderlas haciendo la pérdida, diciéndonos que más valdría recuperarla comprando otra acción, la cual esta vez sí que subiría. La pregunta es: ¿qué hace que sea tan difícil hacer la pérdida en el momento oportuno?

Otro error peor, que con frecuencia se comete, es intentar componer la mala decisión de haber comprado una acción en descenso, mediante la compra de más acciones a precios más bajos aún, para así mejorar el precio promedio de compra.

Lo que se logra con esto es quizás componer el error cometido al haber elegido esa acción descendente, pero no hemos realmente corregido la mala decisión. La pregunta es: ¿Por qué estaremos siempre más dispuestos a arreglar nuestros errores para que no se noten, que a corregirlos realmente?

Para colmo de males, ocurrirá con frecuencia que las veces que acertamos al haber comprado una acción ascendente, apenas juzgamos que nos ha dado unos pocos puntos de rentabilidad, la rematamos rápidamente para traer esa ganancia virtual a nuestro mundo físico real "de billetes". En ese momento sentiremos que lo hemos hecho astutamente, felicitándonos a nosotros mismos. A continuación miraremos atónitos cómo, día tras día, aquella acción, ante nuestros ojos, continuó su carrera ascendente multiplicando las utilidades hipotéticas que hubiéramos obtenido. Tampoco seremos capaces de seguir comprando más acciones de ésta que había demostrado su ciclo ascendente. Un jugador efectivo y con práctica debiera dejar que continúe la racha cuando va ganando, y retirarse en cuanto comienza a perder. El error imperdonable que comete la mayor parte de los jugadores de la Bolsa consiste en limitar las ganancias y, como contraparte, dejar que las pérdidas aumenten.

Estas reglas son continuamente rotas, tanto por aficionados como por profesionales. Sabemos de sobra cuáles son las reglas para ganar en este juego, pero algo en nuestro interior nos impide lograrlo. ¿Qué nos empuja a violarlas y exponer nuestro capital a un gran riesgo?

La fuerza misteriosa que se opone es nuestro propio *ego*.

Veamos, desde el punto de vista de nuestro *ego*, cómo nos hace reaccionar en las transacciones bursátiles:

Apenas escuchamos una noticia o un dato, nos formamos una opinión, e inmediatamente extrapolamos sus consecuencias. Si fuéramos sabios y prudentes, esperaríamos a que el mercado confirmara nuestra opinión. Pero, al contrario, lo que frecuentemente hacemos es tomar posición de compra en forma inmediata, sin considerar lo que indica el mercado, y luego esperaremos a que el comportamiento del precio en el tiempo, nos dé la razón.

Cuando no le acertamos, entonces comienzan las dificultades. Nuestro *ego* comienza a sabotear nuestra habilidad para tomar las decisiones correctas. En forma casi tangible será como tener adentro un *"Otro Yo"*, con personalidad propia que nos susurra continuamente sus fantasías. Nos inventará las más rebuscadas razones para mantener posiciones perdedoras.

La regla nos dice que debemos salirnos cuanto antes de una acción que emprenda su rumbo descendente, pero nuestro *ego* se interpondrá entre nosotros y las reglas, para poder preservar su autoestima y no reconocer su equivocación. En vez de permitir tragarnos nuestro orgullo por habernos equivocado, impedirá corregir radicalmente el error cometido, antes que las pérdidas sean demasiado grandes.

Otro argumento común que nos susurrará el *ego* es que la pérdida no es real hasta que no se realiza materialmente, a través de concretar la venta. De este modo, el *ego* nos empujará a soportar el calvario de ver descender hasta las profundidades más insólitas el precio de nuestras acciones, esperando que algún día se revierta la tendencia, y luego suba lentamente acercándose, con suerte, al precio de compra original. En ese momento nuestra alegría será inmensa y sentiremos que teníamos razón al no vender. Pero... ¿vale la pena toda esa energía derrochada y esas noches de insomnio durante todo el tiempo que se demoró esa acción en recuperar la posición original? Nuestra objetividad nos indicaba que estábamos equivocados y debíamos vender, pero el *ego* se impuso por sobre la decisión correcta, para salvar su imagen y su autoestima.

Cuando algunas veces damos en el clavo, nos invade una sensación de superioridad enorme y nos sentimos ganadores imbatibles, por haber sido tan astutos. En esta situación nuestro *ego* nos empujará a tomar las utilidades rápidamente porque necesita gratificarse por haber acertado. El *ego* es infantil, y requiere gratificación instantánea, empujándonos a tomar prontamente las utilidades, por pequeñas que sean; pero será esa la recompensa que necesita. Le encanta pavonearse y, por el contrario, detesta estar equivocado, y lo negará cuando se le enfrenta a la realidad. Por eso es que uno siempre escuchará de las proezas y grandes hazañas de los especuladores en el mercado, pero rara vez ellos contarán las muchas veces que se han equivocado.

Lo primero que debemos hacer para liberarnos de la trampa del *ego* es tomar conciencia de que nuestra naturaleza humana nos induce a actuar de una manera contraria a nuestros intereses.

Tomar control de nuestro enemigo interno puede ser una de las tareas más difíciles de lograr. Para vencerlo se requiere de un esfuerzo permanente.

Para convertirnos en especuladores sin *ego* se requiere de una nueva forma de mirar el mercado. Una persona sin *ego* apreciará las cosas como son y no por lo que al *ego* le gustaría que fueran, sin distorsiones, y actuará de acuerdo a lo que ve, no a lo que quisiera ver. El dominio del *ego* afectará positivamente no tan sólo su capacidad para desempeñarse en el mercado bursátil, sino todas las áreas de su vida personal.

En realidad la Bolsa nos enfrenta en una contienda con nosotros mismos. Mientras no nos liberemos de las falsas ideas acerca de cómo actúa el mercado y solamente observemos su real desarrollo, continuaremos siendo abatidos por él.

Los especuladores que adopten este estilo podrán lograr deshacerse de su *ego* y ser libres, ya que no tendrán reputación alguna que defender. Ellos harán lo que el mercado les indique que hagan. Ellos no intentarán predecir su curso ni harán fuerzas para que tome la tendencia que ellos esperan. Ellos no tendrán *ego*, y les será muy fácil fluir con el mercado en la dirección que indica. Es fácil de decir, difícil de lograr, pero no imposible. Toma mucho tiempo y esfuerzo abandonar las viejas prácticas, pero tiene una buena recompensa.

Una vez que hayamos reconocido que nosotros somos nuestro peor enemigo, empezaremos a tomar el verdadero rumbo para extinguir dicha interferencia en nuestra contienda con el mercado.

¿Qué se puede hacer para seguir las reglas al pie de la letra?

Una vez reconocida la naturaleza de la bestia y la influencia que tiene en nuestras decisiones, se propone dominarla con la ayuda objetiva de una herramienta estadística de análisis sobre la base de los precios de cierre y volúmenes de las transacciones, aplacando de esta forma al máximo posible las emociones. El mercado será interpretado, entonces, por lo que es, y no por lo que deseamos que sea.

El sistema propuesto que se basa en el análisis técnico propone interrumpir el flujo de estímulos que alimentan al *ego*, mediante la aplicación rigurosa de un procedimiento que se basa en indicadores de inercia estadística.

En síntesis, el sistema consistirá en una señal precisa de compra, la cual se basará en la determinación estadística de una tendencia ascendente confirmada. Este sistema rara vez indica comprar en el punto de inflexión más bajo, porque espera confirmar el cambio de tendencia antes de dar el pase de compra, pero cuando da la luz verde es porque existen altas probabilidades de dar un buen resultado, debido a la inercia de la tendencia esbozada. Cualquiera que tome posiciones de compra demasiado tempranas estará convirtiendo la Bolsa en un juego de azar, y de este modo estará aumentando innecesariamente su riesgo. Luego, a continuación, comienza el desarrollo del ciclo, el cual debe ser seguido con atención para rematar la acción cuando haya madurado y esté próxima a la expiración de su ciclo ascendente.

La verdadera clave del éxito estará en la compra de entrada, ya que si efectivamente dicha acción tiene un desarrollo ascendente, la decisión de vender se convierte en un deporte entretenido. Debido a que en ese momento uno ya se encuentra con un margen a favor, esta actividad no es crítica, ya que supone estar intentando acertar a obtener el margen máximo o, en el peor de los casos, obtener un margen de todos modos positivo, pero un poco menor.

El sistema, además, dará señales precisas para salirse del mercado en caso que ocurran debacles inesperadas, actuando como una *"Stop loss alarm"* (Alarma de pérdida).

El sistema se basa en las cifras de cierre de cada día. Este es el verdadero lenguaje del mercado. Las cifras objetivas no mienten. La serie de tiempo, compuesta con indicadores, muestra hacia dónde va el mercado. Leer las cifras de cierre, a diferencia del análisis fundamental, es una tarea fácil que puede ser realizada por cualquiera. Con el sistema propuesto será fácil entender su significado. Pero la tarea realmente difícil será responder y actuar de acuerdo a las órdenes dadas por el sistema, para plasmarlas en transacciones concretas. Si el sistema le ordena que es hora de entrar, ¡entre! Si el ingreso de la última información de cierre le indica salirse, ¡sálgase! El actuar en consecuencia marcará la diferencia entre ser un ganador que ha vencido a su *ego* y al mercado, o ser uno más de la masa de perdedores que permiten que este juego no termine jamás.

Capítulo XXI

ACERCA DE LA LEY DE MURPHY

"If anything can go wrong, it will."
Ley Universal de Murphy

Seguro que al lector también le habrá sucedido, que al enfrentarse al estante de su biblioteca para encontrar en forma urgente su libro favorito, comienza a revisar libro por libro, empezando desde uno de los extremos de la repisa. Por ejemplo, si parte desde la izquierda hacia la derecha, en la medida en que avanza revisando el estante, el libro aquél no aparece por ninguna parte. Inevitablemente le surge la duda: "¿No se habrá perdido el libro? ¡Juraría que lo dejé en el estante!". Ya a esta altura de la situación, usted ha avanzado hasta llegar casi al final del estante, y el libro aún no aparece, pero de pronto... ¡ahí está!... ¡¡justo era el último!!

Pero a la vez siguiente, cuando nuevamente necesite un libro, recordará lo que pasó anteriormente y piensa que esta vez no le volverá a suceder.

Enfrentado al estante de libros, lo mira con los ojos entrecerrados como calculando y lo divide en dos. Esta vez comenzó revisando desde el centro hacia la derecha, pero el libro buscado en aquella mitad del estante no apareció. Como le queda por revisar la otra mitad, usted no sabe si comenzar su búsqueda del centro hacia la izquierda o al revés. Para resolverlo entonces, saca una moneda y decide que la suerte lo defina: si sale cara, partirá por la izquierda; si sale sello, partirá por el centro. Y así, revisando libro por libro, y mascullando que quizás esta vez de verdad alguien le sacó el libro del estante, ya que aún no aparece, llega finalmente al extremo de esa mitad del estante, donde quedaba el último libro... ¡¡Justo el que usted buscaba!!

De esto se trata la Ley de Murphy. ¡Es la ley de la excepción!

La comprobación más simpática de esta inexorable ley se puede observar en aquella situación que ocurre cuando una persona está parada sobre una alfombra, comiendo un pan con mucha mayonesa. En el caso que ocurriera un percance y se le resbalara el pan de sus manos, la Ley de Murphy postula que la probabilidad de que dicho pan caiga boca abajo será directamente proporcional al precio de la alfombra. Por supuesto que, si el individuo está parado sobre un cubrepiso ordinario, de seguro el pan caerá boca arriba, y no manchará la alfombra. Pero... ¡ay! que esté parado sobre una alfombra persa porque inexorablemente se encontrará con el pan aplastando en su caída, la mayonesa contra el fino tejido de la alfombra.

Acerca de la Ley de Murphy se han escrito muchos libros, cada cual más simpático que el otro. En lo personal me divierte cuando ocurre esta ley y he aprendido a tomarla con humor.

Aplicada al juego de la Bolsa, se parece a un demonio regocijándose con los especuladores. Es ahí donde se expresa plenamente la Ley de Murphy.

Para combatirlo, no se debe dar la oportunidad a esta ley, ya que inexorablemente ella se alineará para producir el mayor perjuicio posible al especulador. Por ejemplo, ocurrirá frecuentemente que el precio bajará justo en el momento que usted compró, y como probablemente usted lo hizo con fondos que necesitaba dentro de un plazo determinado, el precio se mantendrá descendiendo hasta que se cumpla el plazo límite en que necesita disponer del dinero. Cuando ya no pueda esperar más, y haciendo de tripas corazón tome la decisión de venta, el precio en forma alegre y caprichosa comenzará su carrera ascendente.

Los mortales comunes como nosotros no podremos evitar preguntarnos: ¿Será posible que la decisión de compra o de venta de una persona como yo afecte el mercado? Y si les sucede a todos... ¿cómo es posible que exista una trampa para cada uno?

Está fuera de todo razonamiento lógico, pero los que se atrevan a este juego, invariablemente tendrán esa sensación.

Usando el sistema propuesto, el cual se basa en el análisis técnico bursátil, y con fondos que no se necesiten con fecha fija en el corto plazo, se puede sortear perfectamente la Ley de Murphy, otorgándole espacio al sistema, tiempo necesario sin urgencias, y todos los grados de libertad para que actúen los sucesos, pero sin provocar daños mayores.

En todo caso, para aquellos que no crean en la Ley de Murphy y tengan un pensamiento rigurosamente científico, la explicación de su existencia reside en la naturaleza humana. Siempre, cuando las cosas no resultan como esperamos, no podemos evitar pensar que la otra opción que teníamos era la que deberíamos haber tomado. Obviamente esto sucede porque conocemos el resultado de la que no fue lo suficientemente buena. Si la opción elegida fuera la que da los buenos resultados esperados, seguiríamos adelante, sin cuestionar absolutamente nada.

En lo que a mi respecta, de una o de otra forma, ¡estoy convencido de que la Ley de Murphy existe!

Capítulo XXII

ACERCA DEL VALOR DE LAS NOTICIAS

"El político debe ser capaz de predecir lo que va a ocurrir mañana, el mes próximo y el año que viene, y de poder explicar después, por qué eso no ha ocurrido".
WINSTON CHURCHILL

El principal motivo por el cual las personas que se atreven al juego de la Bolsa toman decisiones equivocadas, es que toman en cuenta las noticias al pie de la letra. La mayoría de las personas, influenciadas por éstas, se confunden y no pueden ver los verdaderos movimientos de los "astutos".

Las noticias son para los "ingenuos". Infunden temores a destiempo, los cuales provocan ventas a precios de gangas o crean falsas expectativas, las cuales inducen a comprar acciones que ya están caras.

La razón por la cual las noticias son de escaso valor, para estos efectos, reside en que el mercado se mueve con las noticias de los días futuros.

Dicho de otro modo, es la demostración de que el mercado internaliza casi instantáneamente las informaciones pertinentes mucho antes que estas salgan publicadas en la prensa. Cuando la noticia se hace pública, ya carece de todo valor, para efectos del mercado.

Si fuera posible reportear hoy las noticias del futuro, habría más coherencia entre el contenido de ellas y la reacción del mercado. Si eso ocurriera, el juego del mercado adquiriría un viso diferente, y los ciclos de los precios serían mucho más profundos.

Si las noticias fueran malas, habría muchos más vendedores que compradores y, por lo tanto, los precios caerían drásticamente, antes que las transacciones fueran ejecutadas. Por el contrario, si las noticias fueran buenas, habría muchos más compradores que vendedores y, por lo tanto, los precios subirían a máximos muy altos, antes que las transacciones fueran ejecutadas. Es justamente el desfase entre las noticias y la respuesta del mercado lo que permite que se lleve a cabo el juego con éxito por parte de los "astutos", quienes confían en la sobrerreacción del público, la que se basa en las noticias como pronóstico de cómo va a reaccionar el mercado frente a los sucesos.

Podrá parecer extraño para los principiantes, pero si buscan una guía para invertir, es mejor que no lean las noticias de los diarios.

Esto no debe interpretarse como un prejuicio en contra de los diarios o los periodistas, sino como una advertencia para el novato, acerca del tiempo de respuesta que tienen las noticias en el mercado bursátil. Lo que es noticia en los diarios, ya dejó de serlo, al momento de salir publicada. La única información valiosa es la información técnica relativa al mercado mismo, es decir, cómo se comportaron los precios de las acciones y los respectivos volúmenes transados. Esta es toda la información necesaria que se requiere, la cual por supuesto, no será titular de primera página de los diarios o noticia de su revista favorita.

Las noticias son importantes para los profesionales del juego o "astutos", porque ellos sí entienden el papel que juegan éstas en el mercado, y así pueden actuar en forma más eficiente, amparados por la confusión. Ellos saben que las noticias confunden a los "ingenuos" haciéndolos vender sus acciones cuando los "astutos" quieren comprar o, de otro modo, haciéndolos comprar acciones cuando los "astutos" han decidido que ya es tiempo de cosechar las ganancias, por diferencial de precio a su favor.

El público, en general, tiende a permanecer pesimista y cauteloso hacia el término de un período *"bearish"*, permitiendo a los astutos comprar acciones a precios muy atractivos, bajo el amparo de las malas noticias aún prevalecientes. Por otra parte, ocurrirá que, una vez que el público se vuelve optimista y excitado, prevalecerá ese ánimo durante un tiempo, a pesar de que el ciclo de alza *"bullish"* haya expirado, permitiendo así a los astutos vender o distribuir a buenos precios sus acciones al público ingenuo. De esto se trata el juego, el cual ocurrirá invariablemente cuando se revierte la tendencia en las partes extremas de los ciclos.

La reacción del mercado ante las malas o las buenas noticias dependerá de su constitución técnica, es decir, de si se encuentra **sobrecomprado** o *"caro"*, o **sobrevendido** o *"barato"*.

Es al revés de lo que intuitivamente se puede pensar. Las noticias no guían al mercado, sino que es el mercado, el cual, al estar sobrecomprado o sobrevendido, usará las noticias para expresarse, haciendo subir o bajar los precios de las acciones, para ajustar su precio cuando se encuentran en los extremos de los ciclos.

Si las acciones estuvieran en manos de los ingenuos, una noticia especialmente buena no produce ya un gran efecto, pero una mala noticia desencadenaría una catástrofe bursátil. Si, por el contrario, fueran los astutos quienes poseyeran la mayoría de las acciones, las buenas noticias provocarían una reacción de euforia, mientras que las malas noticias no producirían reacción alguna.

A veces uno se preguntará por qué la bolsa no sube, pese al retroceso de la coyuntura desfavorable, y por qué desciende en un período favorable. La explicación radica en que, si bien la tendencia de la bolsa y la tendencia de la coyuntura son, en cierto modo, interdependientes y están sujetas a las mismas leyes, no transcurren de modo paralelo, sino desfasadas en el tiempo.

El devenir de los acontecimientos de la vida no puede predecirse ni acotarse con predicciones rígidas. La vida exige los máximos grados de libertad para expresarse. Así, los acontecimientos ocurrirán libremente y el mercado responderá con las oscilaciones propias dentro de su canal, pero siempre guiado por una conciencia colectiva que lo llevará hacia las posiciones extremas de sus ciclos. La Bolsa se comporta desarrollando movimientos fractales similares a los planteados en la teoría del caos. A simple vista parecen movimientos caóticos, pero responden a un patrón de oscilaciones "ordenadas", para lograr el recorrido de las etapas típicas de los ciclos.

Por supuesto que las afirmaciones acerca del efecto de las noticias en el mercado tienen varias excepciones. Como podrá observarse en la práctica, una noticia que siempre surte un efecto alentador en el mercado es cuando una compañía hace el anuncio de que se dividirá en varias empresas y que los poseedores de acciones pasarán a tener automáticamente acciones en cada una de las nuevas empresas. Es curioso el efecto, ¡pero no falla! En la práctica se produce un fenómeno muy interesante guiado por la reacción que produce en las personas el solo hecho que en forma casi "mágica" sus acciones se multipliquen en cantidad, lo que se traduce en una especie de alucinación por estas acciones "multiplicadoras", que terminan desatando una fiebre de demanda muy grande, impulsando su precio a valores altísimos.

La lógica indicaría que el valor de las acciones de la empresa madre se debería dividir inicialmente en las acciones de las nuevas empresas recién formadas, y luego mantener sus oscilaciones propias de acuerdo a la evolución de los resultados de cada empresa en forma individual. Pero, en la práctica, la mayoría de las veces las nuevas acciones tienden a evolucionar a precios muy por encima del precio de su emisión.

Otra de las excepciones en la reacción del mercado es la respuesta en forma casi instantánea al alza de los intereses, pero, a poco andar, retoma las oscilaciones y ciclos ineludibles.

Otra de las excepciones en la reacción del mercado con las noticias, la constituye la colocación de American Depositary Receipt (ADR) en el extranjero. Esta modalidad de financiamiento es mirada con muy buenos ojos por los agentes locales del mercado. En este sentido, la colocación de acciones en el exterior genera importantes beneficios, como ser: dar a conocer la empresa y el país en los mercados foráneos y recoger recursos frescos para financiar los nuevos proyectos de la empresa.

Una señal preocupante es cuando los diarios citan, como explicación del buen comportamiento de la Bolsa, las compras de "Fondos Extranjeros". Todo dependerá de las cualidades, virtudes y defectos de los compradores extranjeros. Entre ellos también se dan "astutos" e "ingenuos", cuyas motivaciones son a menor plazo que las de los inversionistas institucionales internos. La mayor parte de los especuladores extranjeros desean, incluso cuando se trata de fondos de pensión, efectuarlas en el corto plazo. Saltan al mercado cuando advierten una oportunidad, pero por otra parte desean apartarse en cuanto ven un peligro, o han hecho ya sus beneficios. Todos querrán comprar o vender al mismo tiempo. En el momento en que compran, se produce un momento favorable, porque estimulan las cotizaciones; pero también provocarán una situación desfavorable cuando vendan los papeles, porque se produce la estrechez típica del "cuello de botella" para vender.

Cuando los movimientos se desarrollan en ausencia de noticias, esto se considera un buen síntoma. Los alzas anunciadas de los mercados son mucho menos espectaculares que aquellas que ocurren "inadvertidamente".

No hay que fiarse en ningún caso de las noticias que provienen de la misma Bolsa. En la mayoría de los casos tales noticias no determinan las cotizaciones, sino por el contrario, son las cotizaciones las que hacen las noticias. Tras el cierre de la Bolsa, todos tratan de explicar las variaciones del cambio o modificación de la tendencia. Cada uno cree aquello que mejor se acomoda a sus intereses. El fanático del juego siempre encontrará argumentos para explicar las razones de los movimientos al alza, y lo mismo hará para justificar la caída de precios.

Finalmente, el inversionista debe estar alerta para encontrar las oportunidades excepcionales, ya que se pueden citar muchos ejemplos de cómo hechos sorpresivos pueden afectar el precio de las acciones, ya que, por definición, no pueden predecirse, pero algunas veces presentan oportunidades de compra o venta de acciones, obteniendo grandes utilidades, contra las emociones de la multitud.

QUINTA PARTE

UN SISTEMA DE ANALISIS

Capítulo XXIII

CONCEPTOS Y HERRAMIENTAS ESTADISTICAS PARA EL ANALISIS TECNICO

"En lo bursátil, ningún acontecimiento futuro tiene certeza absoluta, solamente puede tener altas probabilidades de ocurrir."

J. MELI

El análisis técnico-bursátil consta de múltiples fórmulas estadísticas aplicadas a series de tiempo del precio de las acciones y sus respectivos volúmenes transados, y cada día se incorporan nuevas técnicas de análisis. Como el propósito de este libro no es agotar el tema ni hacer un compendio de las diferentes formas de analizar el mercado de manera estadística, lo cual aburriría al lector, se describirán solamente las herramientas principales que usa el sistema de análisis propuesto, las cuales, combinadas, permitirán obtener una visión global de la tendencia de cada acción del mercado bursátil.

Para el análisis de las herramientas estadísticas no se pondrá gran énfasis en las fórmulas matemáticas, ya que pueden ser encontradas en cualquier libro de Análisis Técnico o de estadísticas. El alcance de este capítulo cubrirá la aplicación práctica de los indicadores principales, y los comentarios acerca de su comportamiento gráfico.

Para el lector será realmente apasionante ver plasmados estos complejos conceptos matemáticos en un amigable lenguaje visual, el cual transforma los áridos números en simpáticas curvas dinámicas, que lo ayudarán a la toma de decisiones bursátiles.

Considerando el interés del principiante común, quien mayoritariamente optará por la carga manual de datos de cierre del mercado obtenidos desde el diario, por ejemplo, se han seleccionado los indicadores más representativos y que requieren solamente del precio de cierre y volumen de las acciones transadas. Esto ahorrará tiempo y esfuerzo en la mantención de la base de datos necesaria para operar el sistema.

Los usuarios que accedan a la carga automática de datos desde algún servicio de información por vía electrónica, obtendrán, diariamente, para cada acción, el precio mayor, el precio menor, el precio de cierre y los volúmenes transados. Con esta información quedarán en condiciones de aplicar todos los indicadores que ofrece el programa **MetaStock**, pero esto no significa necesariamente que mejorarán su sistema de análisis.

Después de intentar por largo tiempo diferentes métodos estadísticos y complicadas combinaciones de indicadores para el análisis, he regresado a los conceptos más simples que tienen relación con la observación objetiva de la evolución de las series de tiempo, y que utilizan el mínimo de datos. La verdad del mercado se encontrará en la simpleza, y es esto lo que finalmente nos permitirá fluir con sus tendencias, sin oponerle resistencia. Si el mercado comienza a moverse al alza, tomaremos una posición; si el mercado detuvo su ascenso e inicia la baja, liquidaremos esa posición.

No debe olvidarse nunca que el mercado hará lo que quiere hacer, sin importarle las expectativas que tengan los inversionistas y especuladores. Por lo tanto, el único secreto del Análisis Técnico residirá en aprender a fluir en la dirección del mercado.

Por supuesto que el campo del análisis técnico estadístico es tan amplio que cada persona tiene casi la obligación de desarrollar sus métodos propios, y recorrer su propio camino.

La única advertencia que me atrevería a hacer es cuidarse de no caer en la trampa de sobreanalizar estadísticamente el mercado. Son tantos los indicadores que se encuentran disponibles para ser aplicados que, al final, en vez de orientar al recién iniciado, pueden desviarlo hacia la total confusión y contradicción de un método con otro.

Pasemos a continuación a describir los conceptos y herramientas básicas para este tipo de análisis:

1. Gráficos de Series de Precio

La base del análisis técnico es un gráfico que permite ver la evolución del precio y el volumen de las acciones transadas, en el tiempo. El precio y los volúmenes son indicados en los ejes verticales y las fechas de transacción en el eje horizontal. Con mucha razón escucharemos que una gráfica habla más que mil palabras. *Ver Figura 23-1.*

Existen otros tipos de gráficos utilizados en análisis técnico tales como los Candlestick de origen japonés, Point & Figure, etc., los cuales no serán cubiertos dentro del alcance de este libro, y que pueden ser encontrados en cualquier texto de Análisis Técnico.

2. Canal madre de evolución

Los precios de las acciones raramente expresan sus valores reales intrínsecos y generalmente se limitan a reflejar la relación

Figura 23-1
(Gráfico confeccionado utilizando *MetaStock 5.0M.R.*)

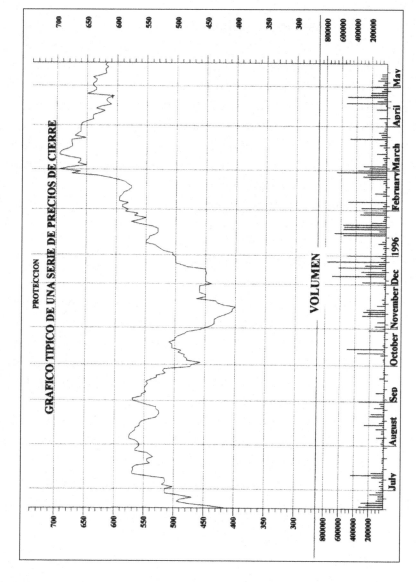

168

entre la oferta y la demanda. No importa de dónde provenga la oferta o la demanda, cuando ésta es vigorosa, los precios bajan o suben. Por ejemplo, supongamos que el precio de una acción ha alcanzado un valor estimado de antemano como caro por el público. A partir de ese instante dicho precio no ejerce el mismo poder de atracción sobre los especuladores. Sólo habrá unos pocos ingenuos interesados en comprar, y aquellos que tienen las acciones en su poder tratarán de deshacerse de ellas ahora que alcanzó el precio máximo esperado, para asegurarse así sus márgenes de beneficios. Con el aumento de la oferta, como es natural, se presenta la baja. Cuando el precio haya descendido hasta un nivel que es unánime para el público que es una ganga, se detendrá su descenso porque ya nadie estará dispuesto a vender sus acciones a precio tan vil.

En esta situación, los analistas llegarán a la conclusión de que en realidad está barata y es un buen momento de invertir. Cuando un poder comprador comienza a acumular acciones del mercado, se produce una restricción de la oferta y el precio comenzará a subir. Frente a la subida inicial de precio comienza la euforia de compra del público, aumentando su demanda, lo que la hará desplegarse hacia su nivel máximo de precio, es decir hasta su maduración.

El fenómeno descrito anteriormente es más fuerte que la lógica de los hechos fundamentales, demostrando que las compras y las ventas no se realizan únicamente a impulsos de reflexiones fundamentales. Consecuentemente, las cotizaciones oscilan bajo la presión de la oferta y la demanda, definiendo un canal ancho de avance al alza o a la baja, claramente establecido.

Para definir el canal madre de evolución se requerirá del despliegue de los datos de precio de un período de tiempo de a lo menos un año.

Si el canal madre es *descendente*, para definir su trazado, se unirán sus precios *máximos* mediante una línea recta, y se trazará una paralela que abrazará los precios mínimos. *Ver Figura 23-2*.

Si el canal madre es *ascendente*, para definir su trazado, se unirán sus precios *mínimos* mediante una línea recta, y se trazará una paralela que abrazará los precios máximos. *Ver Figura 23-3*.

3. Soportes y Resistencias

De acuerdo a lo anterior, las líneas que definen el canal madre por el cual se despliega el precio de una determinada acción son, como *límite inferior* la línea de *soporte*, y como *límite superior* la línea de *resistencia*.

El precio de una acción denominado *Nivel de Soporte*, es un precio al cual la mayoría de los inversionistas y especuladores creen que ya no puede descender más, por encontrarse demasiado barata, y llegado un momento dado comenzará a subir, a partir de ese nivel, para ajustar su precio. *Ver Figura 23-4*.

Por otra parte, el precio de una acción, denominado *Nivel de Resistencia,* es un precio al cual la mayoría de los inversionistas y especuladores creen que ya no puede seguir subiendo más por estimar que está cara, y llegado un momento dado, comenzará a descender para ajustar su precio. *Ver Figura 23-5*.

El origen de los niveles de soporte y resistencia está en el hábito que tienen los especuladores de recordar el precio pagado por una acción. Por ejemplo, si se produce una baja, apenas suba, ellos estarán deseosos de vender la acción al precio que la habían comprado, para no perder en la transacción. Así comienza a formarse una línea de resistencia sicológica. Cada vez que se alcanza dicha resistencia y el precio baja, se vuelve más difícil de romper, ya que los especuladores reforzarán la idea de que es imposible que el precio suba más allá.

Figura 23-2

(Gráfico confeccionado utilizando *MetaStock 5.0M.R.*)

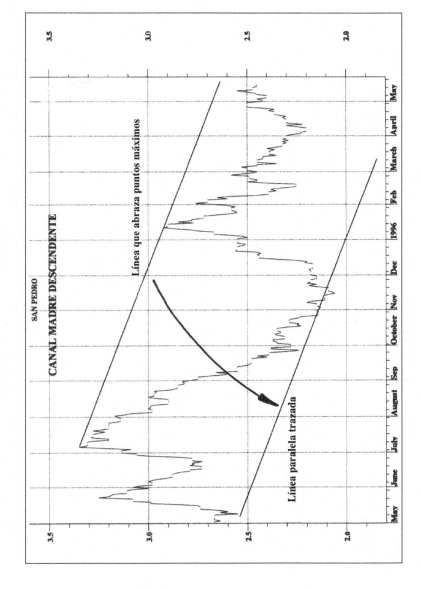

Figura 23-3

(Gráfico confeccionado utilizando *MetaStock 5.0M.R.*)

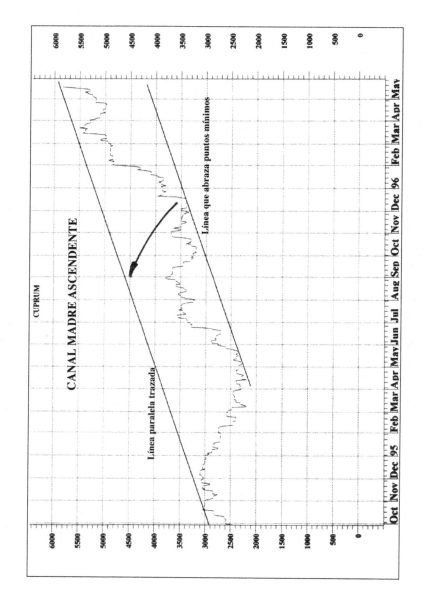

172

Figura 23-4

(Gráfico confeccionado utilizando *MetaStock 5.0ᴹ.ᴿ.*)

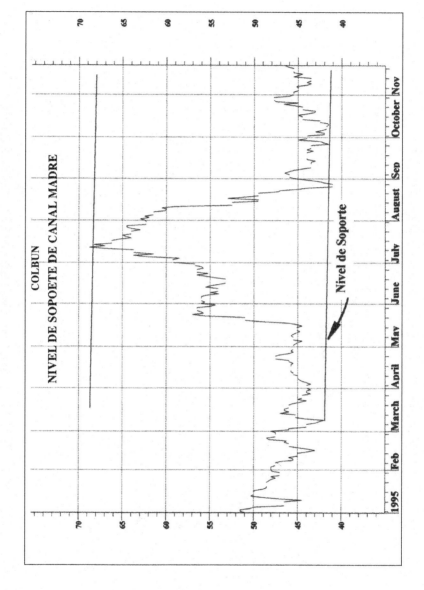

Figura 23-5
(Gráfico confeccionado utilizando *MetaStock 5.0*M.R.)

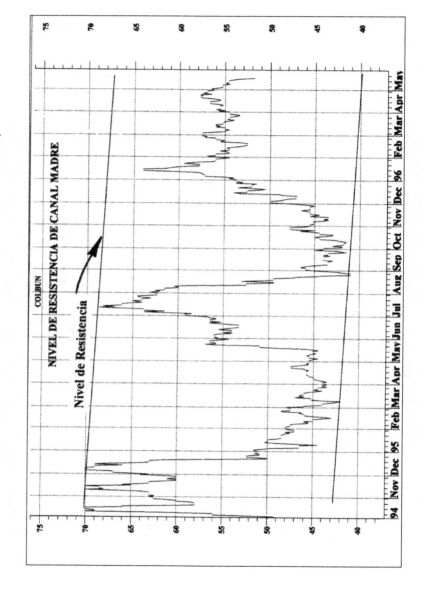

Por otro lado, si se produce un alza, apenas baje de precio, ellos estarán deseosos de ingresar para comprar a buen precio. Cada vez que se alcanza dicho precio soporte y el precio sube, se vuelve más difícil de romper, ya que los especuladores reforzarán la idea de que es imposible que el precio baje más allá.

Pero lo que debe tenerse siempre presente es que las expectativas de los inversionistas y especuladores cambian con el tiempo, influidas por los rumores o también por la filtración de información privilegiada. Cuando esto ocurre, se producen cambios muy abruptos de los niveles de precio de soporte o resistencia. *Ver Figura 23-6.* Una vez que el público admite que aquella acción puede ser transada a un precio diferente al de resistencia o de soporte, comienza un flujo de actividad de transacciones que lo impulsará hasta otro nivel de equilibrio. Incluso los que vendieron sus acciones al precio de resistencia, estarán dispuestos a comprarlas nuevamente para aprovechar la racha al alza de dicha acción.

Como dice Steve Achelis, autor del software **MetaStock**, la formación de niveles de *Soporte* y *Resistencia* es probablemente uno de los eventos más notables, curiosos y recurrentes que aparecen en el estudio de los gráficos de precios, sobre todo porque son determinados en forma colectiva y se basan en creencias subjetivas. La ruptura de los niveles de soporte o resistencia puede ser gatillada por cambios fundamentales que pueden provocar expectativas muy diferentes a las de los inversionistas. Una vez que esto se produce, las nuevas expectativas producirán nuevos niveles de precio.

4. Equilibrios de Oferta y Demanda

El comportamiento de los niveles de precio soportes o resistencias, planteados en los párrafos anteriores, se encuentra

Figura 23-6

(Gráfico confeccionado utilizando *MetaStock 5.0M.R.*)

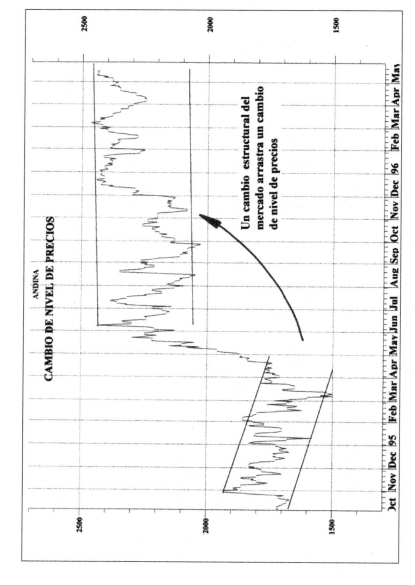

176

regido y explicado por la gráfica típica de oferta y demanda. *Ver Figura 23-7.*

En el gráfico se muestran las líneas de oferta y demanda para cada nivel de precio dado.

La línea de **Oferta** muestra la cantidad de acciones que los poseedores de dichas acciones están dispuestos a vender a un determinado precio. Por ejemplo, cuando el precio sube, la cantidad de poseedores de acciones dispuestos a vender, aumenta.

Por otra parte, la línea de **Demanda** muestra la cantidad de acciones que los inversionistas están dispuestos a comprar a un determinado precio. Por ejemplo, cuando el precio sube, la cantidad de compradores disminuye.

Para cada nivel de precio, el gráfico del ejemplo muestra cuántas acciones el mercado quiere comprar y cuántas quiere vender. Por ejemplo, en el gráfico del ejemplo, a $ 800 por acción hay una oferta de 600 y una demanda de 134.

El **Nivel de Soporte** ocurre al precio donde la línea de oferta corta el eje vertical izquierdo. El precio no puede descender más abajo de 200 $ / acción, ya que a este precio tan vil no habrá nadie dispuesto a deshacerse de sus acciones.

El **Nivel de Resistencia** ocurre al precio donde la línea de demanda corta el eje vertical izquierdo. El precio no puede seguir subiendo de 900 $ / acción, ya que no habrá compradores dispuestos a adquirir esas acciones a tan elevados precios.

En un mercado libre, estas líneas están continuamente cambiando, de acuerdo a las expectativas de los inversionistas y especuladores, así como también los niveles de precios, los cuales deben ir siendo aceptados tanto por compradores como por vendedores.

Una ruptura hacia arriba del nivel de resistencia es evidencia de un desplazamiento hacia arriba de la línea de demanda. Del mismo modo, un quiebre hacia abajo del nivel de soporte

Figura 23-7

(Gráfico confeccionado utilizando *MetaStock 5.0M.R.*)

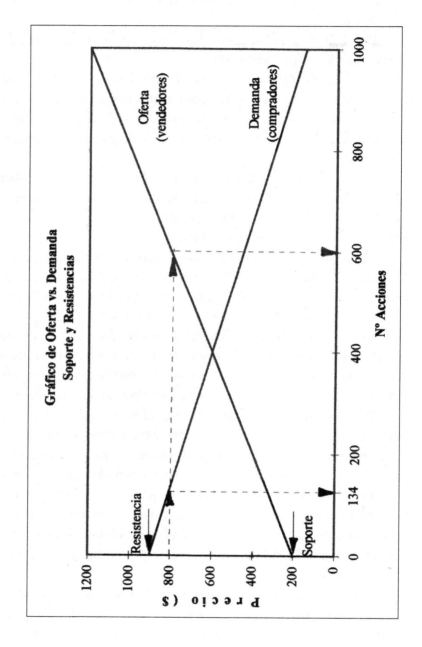

indica que la línea de oferta ha tenido un desplazamiento hacia abajo.

La mayoría de las herramientas del Análisis Técnico se basan en el concepto del equilibrio de la oferta y la demanda. Los gráficos de series de precio en el tiempo nos dan una magnífica panorámica de estas fuerzas en acción.

5. Subcanales de tendencias

A diferencia de los conceptos de niveles de precio de soporte y resistencia, los cuales representan barreras de cambio de precio, una tendencia se define como un cambio de los precios en forma sistemática, producida por un cambio de las expectativas del público. Por lo tanto, el precio de una acción se trasladará vibrando desde la línea de soporte del canal madre hasta la línea de resistencia de dicho canal, y viceversa, a través de subcanales denominados tendencias al alza o a la baja.

Para trazar un subcanal de tendencia, el autor Gilbert Raff recomienda utilizar la metodología de una regresión lineal aplicada a un cierto período de datos, en el cual se aprecie claramente una secuencia de varias oscilaciones marcando precios mínimos y máximos con pendiente al alza o a la baja. Una vez dibujada la línea de regresión, se trasladarán dos paralelas que abrazarán tanto los *peaks* de precio máximo, como los de precio mínimo. *Ver figura 23-8.*

Al igual que en el canal madre, la línea superior del subcanal será su *nivel de resistencia* y la línea inferior de dicho subcanal será su *nivel de soporte*.

Para el lector recién iniciado, debo aclarar que en el software **MetaStock**, el trazar la regresión lineal toma tan sólo un par de segundos para apretar las teclas correspondientes.

Al igual que en los fractales de la teoría del caos, se observa en este tipo de gráficos el fenómeno de la invariabilidad

Figura 23-8
(Gráfico confeccionado utilizando *MetaStock 5.0M.R.*)

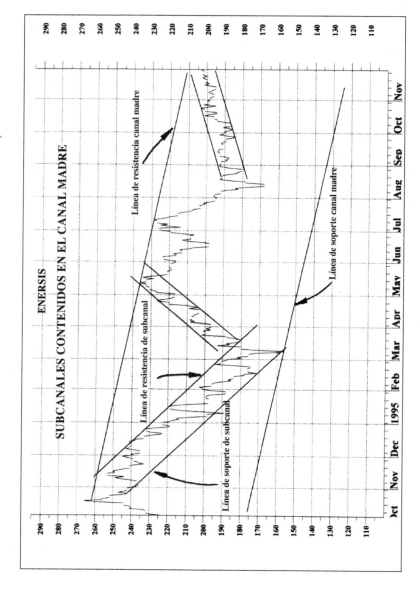

ENERSIS

SUBCANALES CONTENIDOS EN EL CANAL MADRE

Línea de resistencia canal madre

Línea de resistencia de subcanal

Línea de soporte canal madre

Línea de soporte de subcanal

de la escala. Desde una perspectiva micro hasta una perspectiva macro se observa la existencia de canales de evolución siempre respondiendo a la misma dinámica invariable. En otras palabras, se observarán ciclos de precios diarios dentro de ciclos de precios semanales, los cuales, a su vez, forman parte de ciclos mensuales que, por su parte forman parte de ciclos de precios anuales.

6. Acerca de la *Trampa del Toro* y la *Trampa del Oso*

Como el fenómeno que se produce en la rueda de la Bolsa es un fenómeno de contagio colectivo, a veces suele suceder que cuando se producen las rupturas de los niveles de precio de soporte o resistencia, los operadores cuestionan la validez de esos nuevos niveles de precios. En esta situación de remordimiento por haber roto el límite, el comportamiento del precio de la acción será crucial. Pueden ocurrir dos situaciones. Una: si estos niveles de precio no son respaldados por el mercado, el precio regresará a los niveles de precio anteriores. Otra: si el mercado respalda o acepta los nuevos niveles de precio, éstos continuarán moviéndose en la dirección de la ruptura del precio límite.

De acuerdo a lo anterior, la **Trampa del Toro** se produce cuando una ruptura del nivel de precio de resistencia no es confirmada por el mercado y el precio regresa a su nivel anterior. Cuando esto ocurre y uno es cazado por esta trampa, la situación es muy grave. En la práctica, significa que nos hemos apresurado a interpretar el mercado y, al comprar, lo habremos hecho en el *peak* máximo de precio. Luego, nos enfrentaremos a altas probabilidades de que el precio baje para ajustarse hacia abajo, pudiendo incluso llegar a su nivel de precio de soporte, produciéndonos la pérdida máxima en el corto plazo. Si no se desea hacer la pérdida, se deberá soportar la agonía de resistir emocionalmente todo el tiempo que se demore en ascender nuevamente al precio de resistencia, para recuperar, recién entonces, el precio en el cual fuimos sorprendidos por esta trampa. *Ver Figura 23-9.*

En forma contraria, la **Trampa del Oso** se produce cuando una ruptura del nivel de precio de soporte no es confirmada por el mercado y el precio regresa a su nivel anterior. Cuando esto ocurre, y uno es cazado por esta trampa, la situación es menos grave, si no estamos apostando a la baja del mercado con una operación de *venta en corto*. En la práctica, significa que nos hemos apresurado a interpretar el mercado, y habremos vendido baratas nuestras acciones en su mínimo precio. *Ver Figura 23-10.*

La operación *venta en corto* consiste en pedir prestada una acción para ser vendida al precio actual, apostando que su precio bajará y podrá entonces comprarla a un precio menor para devolverla, marginando la diferencia a su favor, deducido el costo financiero cobrado por el corredor.

En ambos casos, el análisis de los volúmenes de acciones transadas, asociado a la ruptura de nivel de precio, ayudará a reconocer si se está en presencia de una de estas trampas. Si los volúmenes transados son elevados en la ruptura del nivel de resistencia o de soporte, y en el período inmediatamente siguiente, los volúmenes transados son bajos, entonces, la probabilidad de que sea una trampa es baja.

Por otro lado, si los volúmenes transados son bajos en la ruptura del nivel de resistencia o de soporte, y en el período siguiente los volúmenes transados son altos, ello significa que estaremos en presencia del fenómeno del remordimiento de los operadores, por haber quebrado los límites sin respaldo del mercado. En esta situación, con altas probabilidades, el precio regresará al cauce del subcanal, dentro de sus límites de resistencia y soporte.

Figura 23-9

(Gráfico confeccionado utilizando *MetaStock 5.0*M.R.)

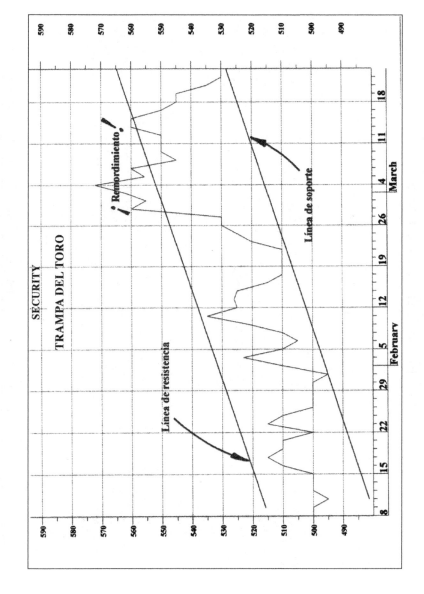

183

Figura 23-10
(Gráfico confeccionado utilizando *MetaStock 5.0M.R.*)

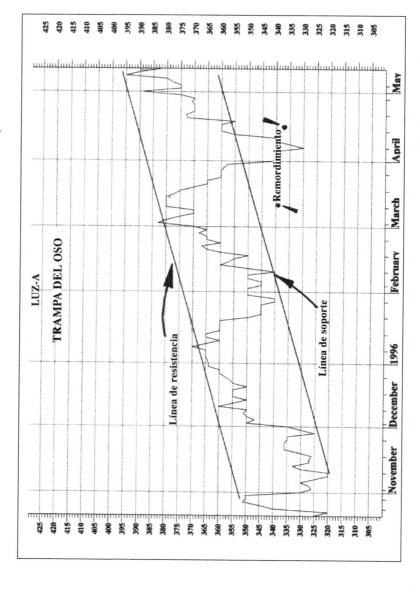

7. Promedios móviles

Los indicadores se definen como el resultado de cálculos matemáticos que, a partir de datos de precios y volúmenes, permiten obtener una señal para anticipar futuros cambios de precios.

Los promedios móviles caen dentro de la definición anterior y son una de las herramientas más antiguas y más populares del análisis técnico.

Debido a que en el análisis de los precios graficados en forma directa éstos pueden tener fluctuaciones muy grandes para ser interpretados correctamente, se ha desarrollado la técnica de suavizarlas mediante el cálculo de promedios móviles, de modo que las distorsiones se reduzcan al mínimo. Existen tres tipos de promedios móviles: simple, ponderado y exponencial. En este caso abordaremos a modo explicativo del concepto, solamente el promedio móvil simple, el cual, a su vez, es el más utilizado.

El promedio móvil simple se define como el precio promedio de una acción para un determinado período "n" de días. (Por ejemplo 25 días). Este cálculo es realizado sucesivamente agregando un nuevo último dato y eliminando el primero del grupo de datos anterior para cada período de "n" días. Graficando el resultado de este cálculo se obtiene una curva suavizada, como se puede apreciar en la *Figura 23-11*.

En términos prácticos, este indicador representa el consenso de las expectativas del público.

Si el precio de la acción cruza por sobre su promedio móvil, significa que las actuales expectativas están por encima de las expectativas promedio de los últimos 25 días, lo cual se interpretará como que el público ha comenzado su ciclo de euforia al alza de esa acción.

185

Figura 23-11

(Gráfico confeccionado utilizando *MetaStock 5.0M.R.*)

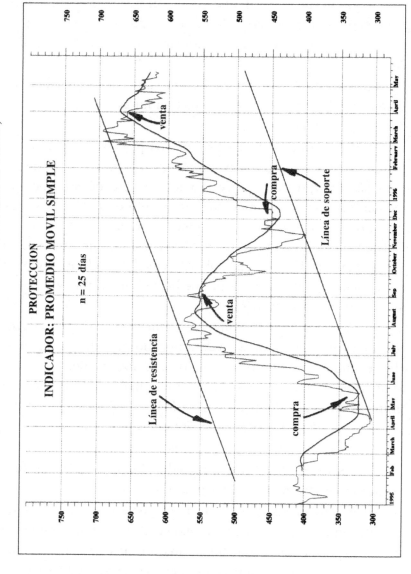

PROTECCION

INDICADOR: PROMEDIO MOVIL SIMPLE

n = 25 días

Línea de resistencia

Línea de soporte

venta

compra

venta

compra

Contrariamente, si el precio cae por debajo de su promedio móvil, significa que las actuales expectativas están por debajo de las expectativas promedio de los últimos 25 días, lo cual se interpretará como que el público ha comenzado su ciclo de venta en estampida.

De acuerdo a lo anterior, la interpretación clásica será comprar cuando el precio cruza hacia arriba su promedio móvil, y vender cuando lo cruza hacia abajo.

El número de días "n" puede ser optimizado para maximizar las ganancias en los ciclos de cada acción en particular.

8. Banda envolvente

La banda envolvente se compone de dos líneas trazadas por sobre y por debajo del promedio móvil calculado para una acción determinada. El porcentaje de desplazamiento de las bandas que normalmente se utiliza es entre 5 a 15%.

En todo caso, el porcentaje óptimo estará relacionado con la capacidad de variación del precio en el tiempo para esa acción, denominada también volatilidad. Mientras más volátil es la acción, mayor porcentaje se le deberá aplicar.

El porcentaje de variación del promedio móvil puede ser optimizado para maximizar las ganancias en los ciclos de cada acción en particular.

La interpretación práctica de este indicador es considerar orden de venta de la acción cuando el precio alcance la banda superior. Del mismo modo, se considerará orden de compra cuando el precio toque la banda inferior. *Ver figura 23-12.*

9. Banda Bollinger

Esta herramienta de análisis fue creada por John Bollinger y es similar a la banda envolvente; pero con la diferencia

Figura 23-12
(Gráfico confeccionado utilizando *MetaStock 5.0M.R.*)

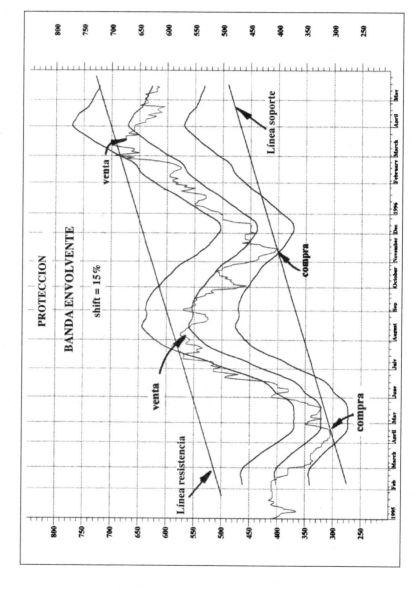

de que en vez de ser trazadas las líneas a porcentajes fijos, por arriba y por debajo del promedio móvil, son trazadas a un determinado nivel de desviación estándar del promedio móvil. La desviación estándar es una medida de como los valores se alejan de su promedio. Si se aplicara por ejemplo 2 desviaciones estándar y se supusiera que la distribución de los valores para el período de "n" días es Normal, en términos estadísticos, se podría afirmar que si el precio sale fuera de las bandas, la probabilidad de que regrese hacia su valor promedio es 98% contra 2%, a que siga fuera de la banda. Dado que la desviación estándar es una medida de la volatilidad, las bandas se ensancharán durante los períodos turbulentos del mercado y se contraerán cuando el mercado se aquiete.

La interpretación más clásica es que a un período de estrechez le sigue un período de expansión de precio. *Ver Figura 23-13*.

10. Indicador Oscilador Estocástico

Este indicador fue creado por George Lane y es uno de los más populares. Este indicador se basa en la teoría de que el precio tiende a cerrar cercano al límite superior del rango de precio dado por el precio máximo y mínimo del día, durante el comienzo de una tendencia al alza. A medida que la tendencia va alcanzando su madurez, el precio de cierre se comienza a alejar del límite superior. En las tendencias a la baja se produce el comportamiento contrario.

El indicador estocástico es desplegado en dos líneas. La línea principal es denominada %K y es trazada normalmente en línea sólida. La segunda línea, denominada %D, es el promedio móvil de %K, y es trazada en línea punteada.

Por definición, los valores de este indicador oscilan entre 0% y 100%.

Figura 23-13

(Gráfico confeccionado utilizando *MetaStock 5.0*M.R.)

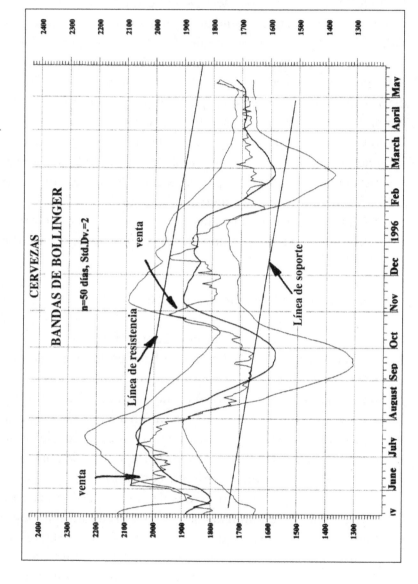

190

La fórmula para calcular %K es la siguiente:

$$\%K = 100 * ((C - L5) / (H5 - L5))$$

en la cual C es el último precio de cierre, L5 es el menor valor de los últimos 5 períodos, y H5 es el mayor valor para los mismos últimos 5 períodos.

La interpretación más común de este indicador es considerar señal de compra cuando la línea %K cruza hacia arriba la línea %D, y señal de venta cuando la línea %K cruza hacia abajo la línea %D.

La otra forma de interpretarlo es utilizar como señal de compra si ambas líneas del indicador están en 0% ascendiendo y, señal de venta, si ambas líneas del indicador están en 100% descendiendo. *Ver Figura 23-14.*

Una de las deficiencias que presenta el utilizar este indicador se produce cuando llega a sus extremos sobre 90% o bajo 10%. En estos casos pierde su condición de indicador, ya que puede permanecer pegado en esos valores, mientras la acción tiene una ascensión muy grande o cae a grandes profundidades. En otras palabras, que el indicador esté sobre 90% o en 100% no significa que la acción no seguirá subiendo. Contrariamente, que el indicador esté bajo 10% o en 0%, no significa que la acción no seguirá bajando.

Divergencia

Merece destacar como comentario aparte, el hecho de que cuando se produzca una divergencia entre la tendencia del indicador y la tendencia del precio, nos enfrentaremos a una

Figura 23-14

(Gráfico confeccionado utilizando *MetaStock 5.0M.R.*)

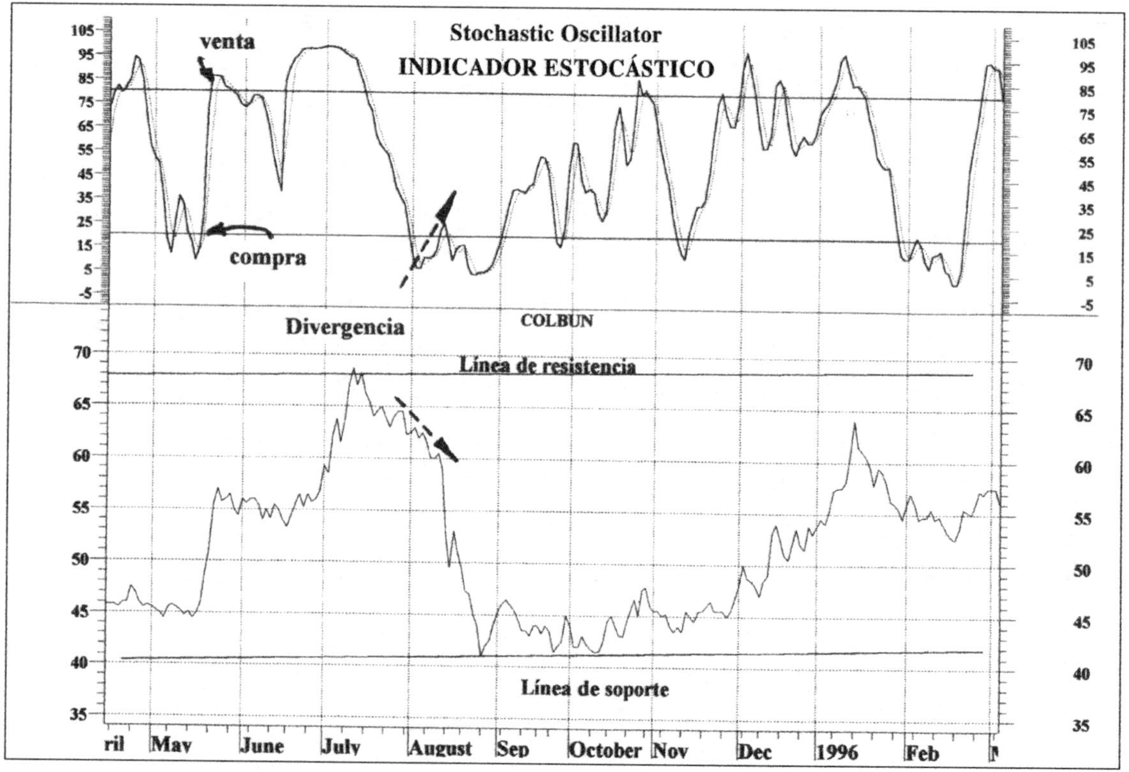

situación clásica en la cual se anticipa con altas probabilidades de ocurrencia, un cambio de tendencia para el precio.

11. Indicador de Fuerza Relativa (RSI)

Este indicador fue creado por el autor Welles Wilder, en 1978, y es uno de los más populares en los últimos tiempos. Su sigla proviene de su nombre original: Relative Strenght Index.

La fórmula es la siguiente:

$$RSI = 100 - (100 / (1 + RS))$$

en la cual RS es el promedio de los cierres sobre el precio promedio de "n" días, dividido por el promedio de los cierres bajo el precio promedio de "n" días.

El RSI es un indicador que por definición oscila entre 0 y 100, y puede ser aplicado a períodos de días que van entre 9 y 25 días. El más popular es el aplicado a 14 días, pero se sugiere determinar por experimentación cual es el "n" que mejor encaja para el mercado en particular que se está analizando.

La interpretación más común es aquella que considera que el precio de una acción está barato si el RSI se encuentra por debajo de 30, y por otro lado, que el precio de una acción está caro si se encuentra por sobre 70. *Ver Figura 23-15.*

Una de las deficiencias que presenta el utilizar este indicador se produce cuando llega a sus extremos sobre 80 o bajo 20. En estos casos pierde su condición de indicador, ya que puede permanecer pegado en ese valor mientras la acción

Figura 23-15

(*Gráfico confeccionado utilizando MetaStock 5.0M.R.*)

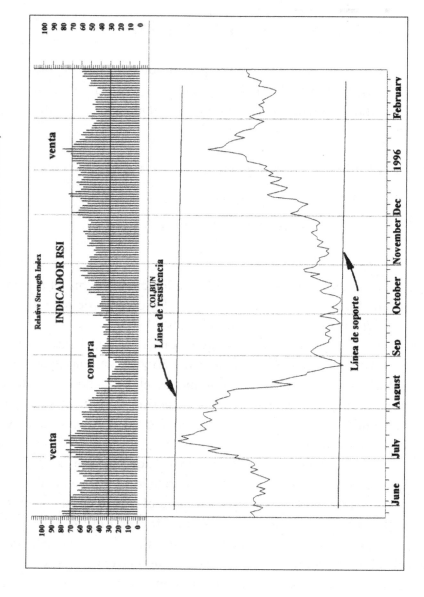

194

tiene una ascensión muy grande o cae a grandes profundidades. En otras palabras, que el indicador esté sobre 80 o en 100 no significa que la acción no seguirá subiendo. Contrariamente, que el indicador esté bajo 20 o en 0, no significa que la acción no seguirá bajando.

Divergencia

Al igual que en el caso del indicador oscilador estocástico, merece destacar como comentario el hecho de que cuando se produzca una divergencia entre la tendencia del indicador y la tendencia del precio, nos enfrentaremos a una situación clásica en la cual se anticipa con altas probabilidades de ocurrencia, un cambio de tendencia para el precio.

12. Movimiento Direccional

El movimiento direccional fue desarrollado también por Welles Wilder y es un indicador oscilante que permite determinar si el precio de una acción se encuentra con tendencia al alza o a la baja. Por su complejidad, el método de cálculo del Movimiento Direccional no está dentro del alcance de este libro y puede encontrarse en el libro *New Concepts in Technical Trading*, del mismo autor. De todos modos, la formulación matemática está incorporada en el software **MetaStock** y puede ser aplicada a las series de tiempo.

Se sugiere graficar la diferencia del direccional positivo + DI menos el direccional negativo - DI, para un ciclo de 14 días.

$$D = (+ DI) - (- DI)$$

195

Como resultado de lo anterior se obtendrá un indicador que oscilará en ciclos de valores positivos y ciclos de valores negativos.

La interpretación de este indicador es considerar que, cuando el precio comienza a mostrar valores positivos, nos encontramos frente a un período de precios con inercia al alza, el cual desplegará un punto máximo positivo del indicador, para luego ir expirando a cero. Por otro lado, se interpretará que, cuando el precio comienza a mostrar valores negativos, nos encontraremos frente a un desplome de precio hasta un mínimo negativo del indicador, el cual volverá nuevamente a cero. *Ver Figura 23-16.*

Figura 23-16

(Gráfico confeccionado utilizando *MetaStock 5.0M.R.*)

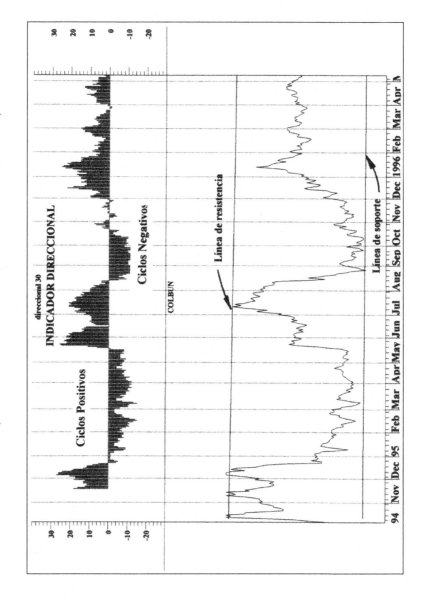

197

Capítulo XXIV

SISTEMA DE INTERPRETACION Y PROCEDIMIENTOS

"Nada en el mundo puede remplazar a la persistencia. Ni siquiera el talento, ya que es muy común encontrar hombres fracasados pero con talento. Ni siquiera la genialidad, ya que los genios no reconocidos abundan. Ni siquiera la educación, ya que el mundo está lleno de pelafustanes educados. Solamente la persistencia y la determinación son omnipotentes para resolver los problemas."

CALVIN COOLIDGE

Cuando por primera vez tuve en mis manos el software **MetaStock** y aprendí a conocer el potencial que encierra el Análisis Técnico Bursátil, mediante el uso tan amigable de esta herramienta computacional, la primera reacción que me invadió fue atesorarlo y desear que ojalá no lo poseyera nadie más, para que, de ese modo, no se divulgara esta herramienta para analizar el mercado, ya que podía ocurrir que, finalmente, terminaran todos los inversionistas tomando las mismas decisiones de compra y de venta, con lo cual se acabaría el juego. Posteriormente comprendí que el "juego" de la Bolsa es un "juego" que no terminará jamás, aunque se divulgue toda la información existente.

Disponer del software **MetaStock** es el equivalente a tener en las manos un violín *Stradivarius*, incluyendo un perfecto manual de como tocar todas las notas de la escala musical, con sus diferentes matices y tonalidades. Pero para lograr tocar melodías afinadas y finalmente un gran concierto de Paganini se requerirá de largas horas de entrenamiento, hasta llegar a comprender realmente el instrumento, y aprender a fluir en las partituras del concierto.

Es común observar que los analistas no siempre llegan a las mismas conclusiones a partir de la misma información analizada, porque este tipo de análisis se asemeja al arte de tocar el violín; mucha gente lo hace, pero pocos logran ser virtuosos. Aun cuando puede variar la calidad de los intérpretes de la partitura del mercado bursátil, la diferencia de interpretación radica en el grado de entendimiento del mercado, el cual se irá desarrollando en la medida en que se practique.

Por otra parte, la naturaleza humana se encargará de que, aunque el individuo posea el conocimiento de lo que debe hacer, finalmente tendrá que librar una lucha consigo mismo para no dejarse arrastrar por sus emociones, las cuales pueden impedir lograr el éxito bursátil.

Desarrollo de un sistema

En este capítulo se expondrá un sistema que se basa en el conocimiento obtenido a partir de la experimentación. El procedimiento de análisis ha sido desarrollado aplicando la observación sistemática y objetiva a múltiples casos durante largo tiempo. La objetividad no surge fácilmente, pero puede aprenderse. Uno puede hacerse más objetivo conforme se va haciendo consciente de los prejuicios personales y los toma en cuenta. Mediante un riguroso adiestramiento, y mediante la observación de numerosos casos, se puede plantear un sistema de análisis apoyado en bases estadísticamente conservadoras.

Al comienzo, el principiante disfrutará al detectar cómo el tránsito del precio de una acción por los subcanales es, algunas veces, casi perfecto, rebotando abajo en la línea de soporte, para luego ascender a su línea de resistencia, y así varias veces. Cuando esto sea descubierto por él, entonces la tentación de esperar el próximo rebote en la línea de soporte, para comprar, será irresistible. Pero... ¡cuidado! No existe ninguna garantía que el precio no rompa la línea de soporte y se precipite hacia abajo, ante sus incrédulos ojos. Salvo que tracemos otras líneas de referencia que nos ayuden a estimar la probabilidad que el precio se dirija en la dirección que estamos esperando.

En lo personal, inicialmente me sucedió varias veces. En una oportunidad, pensando que rebotarían en el nivel de soporte de un subcanal perfecto, puse parte importante del capital en aquella transacción, para luego ver atónito como se rompía dicha línea de soporte y se precipitaba en una caída durante larguísimos meses.

Con mucho humor, un abogado, colega de trabajo, me acotó que eso me había sucedido por usar una línea de trazos en vez de línea sólida, para dibujar los subcanales, y que el precio ¡se me había escurrido por entre los trazos!

Por lo tanto, la clave del sistema consistirá en apoyar con puntos de referencia el paisaje bursátil de cada acción que aparece a la vista del analista principiante, al construir una serie de tiempo del precio de una acción. El gráfico, en principio, aparecerá como una curva febril, con oscilaciones nerviosas, suspendida en el plano, pero no se podrá saber, a primera vista, en qué dirección más probable dirigirá su evolución.

Los pasos que deben seguirse para trazar líneas de referencia a la serie de precio dibujada, y que serán de gran ayuda, son los siguientes:

a) Trazar el canal madre de la acción, para un período de a lo menos un año de datos diarios.

b) Trazar el subcanal por el cual se encuentra transitando la acción en el último período.

c) Trazar las bandas Bollinger, las cuales fijarán los límites de las oscilaciones de los ciclos.

Un buen procedimiento de análisis deberá contemplar las siguientes fases:

a) Detección de una acción que presente inercia al alza, para materializar su compra.

b) Establecimiento del comportamiento probable de su ciclo.

c) Determinación del momento óptimo de venta.

d) Plan de emergencia si la señal de compra ha sido equivocada.

Los "especuladores" en general gastan una gran parte del tiempo analizando el mercado, tratando de obtener la señal correcta de entrada, pero no le dedican tiempo al análisis de qué hacer si su análisis ha sido equivocado. Tampoco, por lo general, se predetermina el punto de toma de utilidades.

A continuación se describe el procedimiento de análisis para guiar en forma objetiva las decisiones de compra y de venta de acciones, de manera que no se vean interferidas por la trampa de las emociones humanas.

Señales de Entrada o Compra

La entrada correcta es la fase más importante que determina en gran medida el éxito de la transacción de compra y venta de una acción.

1. Ruptura de línea de resistencia de un subcanal

Como dicen los expertos con años en estas lides, "el estar alejado del mercado en las tendencias a la baja, es la clave del éxito." Pero, utilizando esta misma sabiduría, podemos agregar, que la clave será intentar detectar en qué momento esta tendencia a la baja finaliza, y comienza a revertirse.

Cuando el gráfico de la serie de precios muestra sucesivos *peaks*, los cuales son de valores descendentes con respecto al anterior, estaremos en presencia de una tendencia a la baja y deberemos trazar el subcanal correspondiente. Una vez que esta tendencia se ha establecido, las fuerzas de la oferta, que son más fuertes que las de la demanda, harán que por un período de tiempo se mantenga dicha tendencia.

La señal más segura de entrada o compra de una acción estará dada cuando el precio rompa la línea de resistencia de un subcanal descendente, por más de 5% del valor del límite. *Ver Figura 24-1.*

En los subcanales ascendentes a veces ocurre que la ruptura de la línea de resistencia da la señal de ingreso con el precio encima de la banda superior, y se tiende a pensar que no es conveniente tomar posición de entrada. Las roturas de subcanal ascendente generalmente involucran alzas sustanciosas para alcanzar otro peldaño de equilibrio, y si no se toma posición, se privará de esa alza. Ante este tipo de alzas de precio, la banda de referencia reaccionará curvándose hacia arriba para acoger esos nuevos valores tan alejados de su promedio.

El otro punto de gran importancia es que la mayor seguridad de ingreso correcto se logra al inicio del ciclo, porque no se puede predecir la magnitud de la inercia, siendo imposible predecir ni cuánto durará ni a qué precio llegará. Puede ocurrir que si uno ingresa más tarde, ya esté en proceso de reversión hacia una indicación de salida.

Figura 24-1

(Gráfico confeccionado utilizando *MetaStock 5.0M.R.*)

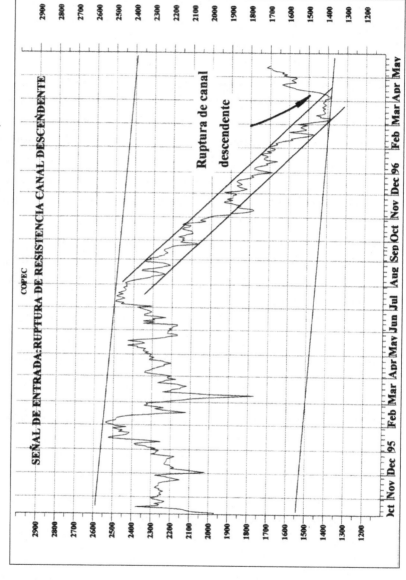

2. Conjunción de oro

La otra única señal de compra, pero más especulativa, está dada cuando el precio cae al piso de soporte del canal madre en coincidencia con la banda Bollinger inferior. *Ver Figura 24-2.*

Al ser más especulativa, tiene mayor riesgo, pudiendo ocurrir a veces que no sea ése el punto mínimo inferior, y continúe bajando el precio hasta desplegar un nuevo mínimo inferior.

Por lo tanto, si se opta por este criterio, debe acompañarse de una *"Stop Loss Order"*, a un porcentaje determinado, inferior al precio de compra, el cual protegerá la inversión en caso de ocurrir un quiebre imprevisto de la tendencia. Generalmente se recomienda usar un porcentaje tal que, incluidas las comisiones, alcance un total de 10%.

El objetivo de la *"Stop Loss Order"* es limitar la pérdida en caso de haber interpretado mal el mercado. Si el precio cae y la situación se vuelve en contra, debe salirse de esa posición a toda costa. No es hora de jugarse al precio, sino a la posición. Si el precio original de entrada fue errado, sálgase y vuelva en otra ocasión a un precio correcto, pero no se exponga a sostener una pérdida que puede ser larga y costosa de recuperar.

Como se puede apreciar, la entrada en buena forma es el paso crítico más importante porque define la mayoría de las veces el resultado de la operación.

Para los criterios descritos, lo que vale son los precios de cierre del día. Al igual que un escalador de alta montaña que tantea el lugar preciso donde fijar el clavo en la roca, el cual será el punto de apoyo para su próximo paso en la ruta de su ascenso, en la evolución del precio durante el día hay veces en que el precio llega a valores tales que, si se

Figura 24-2

(Gráfico confeccionado utilizando *MetaStock 5.0M.R.*)

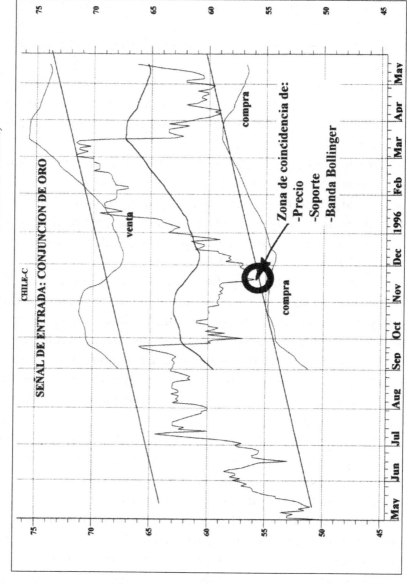

206

tomaran en cuenta, podría obtenerse una señal de entrada y luego, al momento del cierre, esta se ha esfumado y no vuelve a aparecer hasta mucho tiempo más, dejándolo cazado en la **Trampa del Toro**.

Lo que marca la sicología del grupo de operadores de las ruedas es, principalmente, el precio de cierre del día anterior, y no el precio máximo alcanzado durante el día.

Señales de Salida o Venta

1. Cosecha madura

Una vez desplegada la evolución del precio, la señal de salida estará dada cuando la cotización de la acción haya alcanzado o superado la banda Bollinger superior. Cuando se ha llegado a esta posición, debe observarse en qué momento se produce una reversión del precio, indicando la expiración del ciclo al alza, o también cuando rompe la línea de soporte trazada en los puntos de mínimo precio de ese último período, o subcanal ascendente. *Ver Figura 24-3.*

Muchas veces sucede que el precio de la acción, una vez alcanzada la banda superior, permanece vibrando en forma horizontal durante varios días o semanas, despegándose de la banda. Esto es considerado como la *trampa del ambicioso*, ya que no se ha obtenido mayor rentabilidad pero, en su perjuicio, ha inmovilizado el capital durante ese tiempo. *Ver Figura 24-4.*

Debe tenerse en cuenta que, en algunos casos, la línea de resistencia del canal madre puede encontrarse por sobre la posición **Cosecha madura**. En estos casos particulares se recomienda observar la evolución del precio antes de dar la orden de venta, ya que el precio puede tender a seguir subiendo para alcanzar su clímax en la línea de resistencia superior del canal, por sobre la

Figura 24-3

(Gráfico confeccionado utilizando *MetaStock 5.0*M.R.)

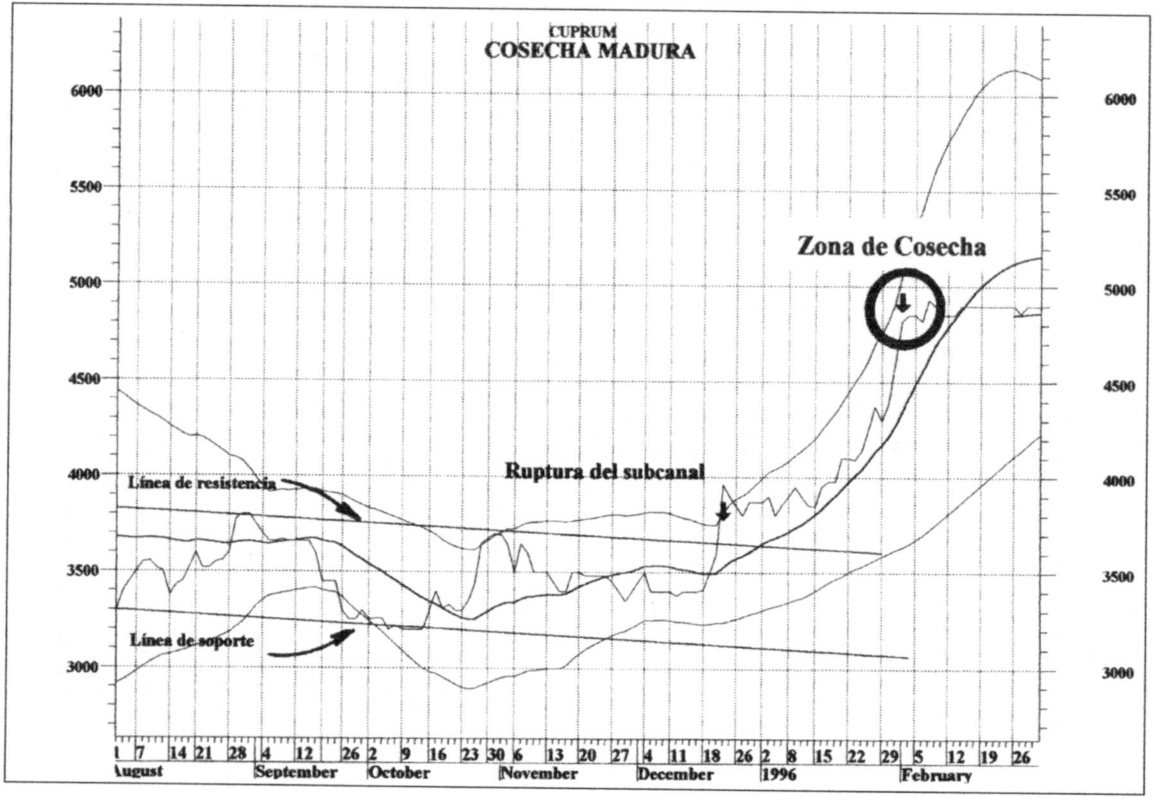

CUPRUM
COSECHA MADURA

Zona de Cosecha

Ruptura del subcanal

Línea de resistencia

Línea de soporte

Figura 24-4

(Gráfico confeccionado utilizando *MetaStock* 5.0*M.R.*)

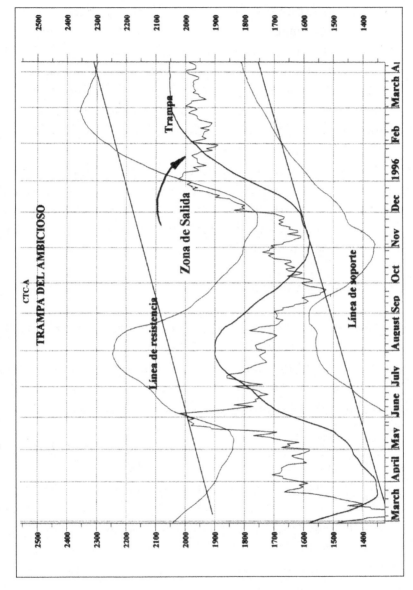

banda superior. En estos casos es conveniente ayudarse con el indicador de Movimiento Direccional, interpretando no vender hasta que no expire el ciclo positivo y cruce a negativo.

El juzgar cuándo es el momento óptimo de venta, respetando el criterio anterior, es la actividad más entretenida de este "juego". Debido a que el inversionista ya se encuentra virtualmente con un margen a favor, esta actividad no es crítica, ya que supone estar intentando acertar a obtener el margen óptimo o, en el peor de los casos, a obtener un margen de todos modos positivo, pero algo menor.

La mejor manera de juzgar el momento óptimo de salida es esperar con paciencia a que el precio describa su máximo e inicie su descenso. De esta manera tendremos la posibilidad de aprovechar en toda su extensión la inercia del alza, y no truncándola prematuramente.

2. Condición obligada

Si durante el período de espera a que la cotización de la acción alcance el nivel de precio de la banda superior, se produjera una señal de ruptura del nivel de soporte del subcanal en evolución, acompañado de la expiración del Movimiento Direccional positivo, deberá interpretarse como una señal de venta perentoria sin discusión. *Ver Figura 24-5.*

Este indicador será definido como el **"ángel guardián"** del sistema. Será esta instrucción la que evitará hacernos caer en las espirales de pérdidas esperando o deseando, como humanos que somos, que el mercado se revierta, y negándonos a vender.

El método propuesto ayuda a dejar correr las utilidades y a cortar las pérdidas prontamente, con un análisis objetivo. Para mantener esta actitud, se necesita un firme convencimiento, carácter y entrenamiento, a fin de seguir los principios con fidelidad y de modo consecuente.

Figura 24-5
(Gráfico confeccionado utilizando *MetaStock 5.0M.R.*)

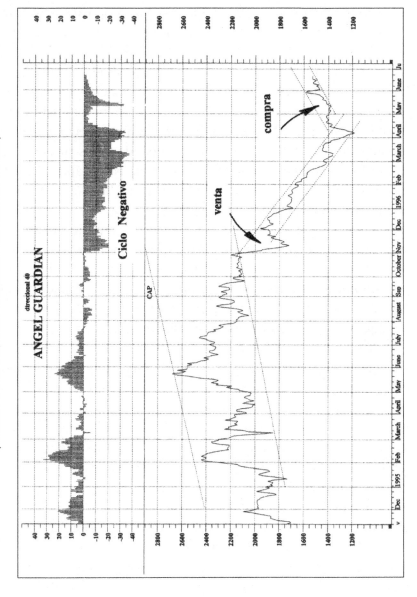

Comentarios generales

Debemos tomar conciencia de que nuestro propósito es seguir los movimientos del mercado causados por astutos fundamentalistas.

En este tipo de análisis no será considerada como complemento de la decisión de compra, información de análisis fundamental, como por ejemplo la relación **precio/utilidad**. Aunque esta relación a veces sea más alta que la recomendada, desafiando la "lógica", deberá comprarse de todas maneras si los indicadores y el precio toman inercia ascendente. Deben ser los indicadores los que decidan y no la interpretación subjetiva.

Si bien se ha establecido un procedimiento para comprar y para vender una acción, no hay que confundir el ahínco con una obstinación suicida a la hora de aplicarlo. En el libro *Les dix hommes les plus riches du monde* se cita un experimento muy esclarecedor que sugiere que se debe desconfiar de cualquier forma de obstinación y saber adaptarse:

"Si se ponen seis abejas y diez moscas en una botella acostada con el fondo hacia una ventana, se verá que las abejas no dejarán de tratar de descubrir una salida a través del vidrio, hasta morir de agotamiento, mientras que las moscas, en menos de diez minutos, habrán salido por la boca, en el otro extremo. Es el amor ciego por la luz y su inteligencia, lo que provoca la muerte de las abejas en esta experiencia. Se imaginan, en apariencia, que la salida de la prisión debe encontrarse allí donde la luz es más viva, y actúan en consecuencia, obstinándose en esa acción demasiado lógica. Para ellas, el vidrio es un misterio sobrenatural que nunca han encontrado en la naturaleza, y como no tienen experiencia alguna de esa atmósfera impenetrable, y su inteligencia está más desarrollada, más inadmisible e incomprensible les resulta aquel obstáculo. Mientras que las ignorantes moscas, indiferentes tanto a la lógica como al enigma del vidrio, indiferentes a la atracción de la luz, vuelan frenéticamente en todos los sentidos y encuentran allí su buena fortuna —que sonríe siempre a los simples que encuentran su dicha allí donde los sabios perecen— y terminan necesariamente por descubrir la abertura que les devuelve su libertad."

El proceso de decisión debe acomodarse, pese a su firmeza, en una suerte de readaptación constante. Una nueva decisión rápida, un cambio de rumbo, a menudo puede salvar una situación. Al final, no es una ciencia, ¡es un arte! El arte del buen jugador de Bolsa consiste en saber reconocer cuál es el momento oportuno para actuar de un modo u otro.

A pesar de todo lo dicho, es de esperar que igual ocurran errores. Pero la mejor actitud que debe tenerse frente a los errores es tener horror a equivocarse, a cometer un error antes de hacerlo. Pero hay que aceptar el error después de haberlo cometido, aunque lo más difícil de todo es aceptar una pérdida en la Bolsa.

Cuando se sufre una pérdida, hay que hacer tabla rasa, aceptarla, olvidarla y volver a empezar de nuevo desde cero. Es algo así como una intervención quirúrgica. Se requiere amputar el miembro infectado antes que sea demasiado tarde. Uno debe librarse como de la peste misma del querer recuperar a toda costa el dinero perdido. Esto es difícil de aceptar y son muy pocos los especuladores que consiguen actuar de este modo.

Una de las facultades indispensables para el éxito es cultivar el sutil arte de olvidar los fracasos y mirar resueltamente el futuro. Los que no aprenden a dar vuelta la página suelen quedar atrapados por el espectro de sus antiguos errores. Cada fracaso contiene una preciosa enseñanza. Además, se aprende más de un fracaso que de un éxito si uno se plantea sanamente cuál fue la razón del fracaso y analiza sus ideas, sus métodos, y sus conceptos. Si se tiene una concepción justa del error y si se han analizado bien los motivos de un fracaso, mejor se comprenderá el camino al éxito.

Nunca se debería comprar el mismo día que se remata una posición madura, ya que probablemente se comprará caro al hacer **"switch off"** o cambio de unas acciones por otras.

De las tres fases: selección, ejecución y administración, el sistema propuesto las cubre integralmente. Estadísticamente se determina la inercia y se da el pase de compra. En la medida en que evoluciona el precio y se aproxima a la banda superior del precio promedio móvil, se apronta el zarpe. Con ayuda del direccional, y la posición dentro de su canal, se puede determinar si ya es hora de salirse.

La mejor receta para salirse es, una vez alcanzada la señal de venta de su método, vender el 50%. Mediante la observación del direccional positivo y su posición dentro del canal se observa la evolución para confirmar si se vende el otro 50% o se deja hasta que expire definitivamente el ciclo cuando se produzca la ruptura de la línea de soporte del subcanal ascendente.

Cuando se detecta una tendencia al alza confirmada, la forma recomendada es hacer la inversión de compra en forma piramidal. Dado que el precio irá marcando *peaks* y ajustes, se sugiere que en los descensos de ajustes se refuerce la compra con una secuencia piramidal del siguiente tipo: 50%, 30% y 20%.

El procedimiento propuesto casi siempre da cuenta de la Trampa del toro y la Trampa del oso, aunque a veces produce falsas señales, las cuales se deben a ruidos del sistema y deberán ser dilucidadas con el análisis de los otros indicadores.

Capítulo XXV

ACERCA DE LOS CORREDORES

"Toma para ti los consejos que das a otros."
TALES DE MILETO

El mundo bursátil aparece como un apasionante lugar desconocido para el común de la gente, donde a diario jóvenes ejecutivos gritan en la rueda para transar miles de millones de pesos en distintos negocios y, aparentemente, decidir el futuro de anónimos inversionistas.

En Chile, los corredores de la Bolsa de Comercio cada vez se alejan más del tradicional personaje que trabajaba en el negocio con su familia, que concurría personalmente a gritar en la rueda, que administraba todos los detalles de su oficina, y que en cien años no había evolucionado mayormente.

El mundo bursátil chileno se vio obligado a renovarse ante la necesidad de crecimiento que experimentó el mercado durante los años ochenta. Los corredores locales han debido adaptarse al cúmulo de cambios tecnológicos, profesionales y competitivos, para insertarse con éxito en el creciente proceso de modernización del mercado de valores, pero sin dejar la tradición centenaria de la Bolsa Chilena.

Para que el inversionista o el especulador pueda llevar a cabo la conclusión del análisis bursátil y materializarla en la rueda como una orden de compra o de venta de una determinada acción, es preciso hacerlo a través de un corredor de Bolsa.

La selección de un corredor de Bolsa es muy importante porque será el colaborador que lo acompañará a través de una relación personal muy estrecha, a lo largo de la aventura de su estrategia bursátil. Todo el trabajo de análisis brillante que pueda llevarse a cabo para determinar una compra o venta de una acción en un momento específico, no valdrá de nada si no es plasmado oportunamente en una transacción en el mercado. El tener un corredor ágil y confiable es fundamental para tener éxito.

Normalmente se recibirá la recomendación de la familia o de amigos, pero lo mejor es iniciar la búsqueda con una lista de dos o tres candidatos. La selección se deberá hacer después de realizar entrevistas personales, realmente nada diferentes a conversaciones amistosas. La persona seleccionada debe ser empleado de una firma importante de corredores y tener experiencia y acceso ágil a ella. Además de ser de una buena firma, es importante la calidad humana de la persona que estará encargada de atendernos, ya que ésta será una relación frecuente y personalizada.

En general, todo corredor entrevistado probablemente aparecerá como una persona amable en un ambiente de muchas preocupaciones, casi de gran agitación. No es raro que un corredor tenga alrededor de doscientos o más clientes, aunque no más de diez sean bastantes activos. Un corredor obviamente se pasa en el teléfono la mayor parte del día, y no puede dedicarle mucho tiempo a un sólo cliente, por lo tanto, la entrevista deberá ser breve.

La firma de corredores cobra una pequeña comisión cada vez que se compran o se venden acciones. El ejecutivo que lo atienda, como empleado de la firma, recibirá una parte de esta comisión.

Las reglas y el código de ética son estrictos. Entre las numerosas normas establecidas, al corredor se le prohíbe garantizar al cliente que no tendrá pérdidas, ni puede participar de las utilidades o pérdidas de la cuenta de un cliente.

Otro aspecto de importancia que debe ser considerado es el tipo de manejo e informes de control de que disponga la firma y su organización administrativa para dar la información requerida por el cliente, ya que un sistema lento o defectuoso, puede producir grandes inconvenientes a ambas partes y terminar afectando la relación.

Es indispensable de todas maneras que el inversionista desarrolle un sistema independiente de control de saldos de existencias y rentabilidad. Esto le permitirá, además de llevar un control de las existencias en custodia en la oficina de la corredora, disponer de información oportuna para indicar en forma precisa sus instrucciones de compra o venta.

Las órdenes al corredor deben ser dadas a precio de mercado y para ello se requiere mucha confianza en él.

Todo aquel que juega en la bolsa sabe que una palabra dada, un acuerdo de compra o venta oral, es algo inviolable.

Los corredores se encuentran en el medio del flujo de la información real y de esa manera, pueden tomar muy buenas posiciones de compra y de venta para sus clientes.

Son como personas en medio de un temporal, que saben exactamente hacia dónde está soplando el viento porque la bufanda les flamea en esa dirección.

Muchas veces no requieren de mayores análisis para saber qué ocurrirá en el mercado, ya que será a través de ellos que los astutos materializarán una posición causando la correspondiente reacción del mercado, es decir, afectando la relación de la oferta y la demanda.

Para utilizar en forma eficiente al corredor de bolsa, el inversionista debería ser prudente y llamar por teléfono exclusivamente cuando sea necesario y no para calmar sus ansiedades requiriendo información intrascendente y dándole su opinión al corredor acerca del comportamiento del mercado. Para ser justos, un cliente que paga una comisión baja no debería demandar gran parte del tiempo del corredor.

Cuando se coloca una orden o cuando se dan instrucciones se debe ser absolutamente explícitos, para reducir al mínimo los malentendidos. Como los negocios o instrucciones se dan generalmente por teléfono, se recomienda confirmar la instrucción mediante una comunicación por fax. Al final del día, se recomienda también verificar telefónicamente si la transacción fue realizada. Este conjunto mínimo de reglas ayudará a evitar errores que pueden ser muy "costosos".

Si por omisión o malentendido se dejaran sin efecto las instrucciones largamente maduradas por el especulador, y ocurriera el cambio de precio previsto no habiéndose materializado la instrucción, será inevitable la molestia y la exasperación y, finalmente, podría verse afectada la relación. Debe cuidarse la relación con el corredor como un verdadero activo.

La institución de los corredores está interesada en educar al público para que siga a diario las noticias de la bolsa, a fin de que pueda aprovechar las oscilaciones de la curva de precios de manera positiva. El que se compre y se venda, se vuelva a comprar y a vender, significa un mayor inversión de capital en Bolsa y, por lo tanto, aumentan también sus comisiones.

Por esta razón, es lógico su interés de que el público se haga sensible a las noticias diarias. Esta supersensibilización hace que se tenga que observar día a día, semana a semana, la marcha de los negocios de una empresa.

En lo que a mí respecta, casi he perdido por completo la costumbre de visitar la oficina del corredor, sobre todo cuando ya he tomado previamente una decisión. Sin embargo, cuando me dejo arrastrar por la curiosidad y acudo a su oficina o a la Bolsa, me esfuerzo por mantenerme al margen del tumulto, de los comentarios, de los rumores e, incluso, de los informes de las oscilaciones de los precios, para no dejarme influir en absoluto.

Capítulo XXVI

DIEZ RECOMENDACIONES UTILES

*"Un filósofo que no podía caminar
porque pisaba su barba, se cortó los pies"*
ALEJANDRO JODOROWSKY

1. Método versus sistema

Siempre se podrán desarrollar nuevos sistemas de análisis, unos mejores que otros, pero el éxito en el mercado se deberá más a la aplicación sistemática y rigurosa de un método de análisis elegido racionalmente, que al sistema aplicado en sí mismo.

2. Independencia de pensamiento

Para permanecer en el ambiente bursátil, lo más recomendable es aprender a ganar dinero analizando el mercado en forma independiente, mediante las habilidades propias que usted pueda desarrollar. De este modo podrá transformarse en el dueño de su propio destino, sin depender de otras personas. Al aprender a leer en forma correcta las señales del mercado, su habilidad será trasladable, y podrá viajar a cualquier mercado del mundo sin tener que requerir de contactos tortuosos, ni confiar en datos obtenidos a través de una red de información extraña. Los buenos datos sólo son dados a unos pocos, pero los malos datos son dados a cualquiera.

3. Aprovechar la inercia

Una acción que inicialmente muestra un alza sistemática de precio, tendrá la tendencia a continuar en esa dirección, hasta alcanzar su madurez. Una vez que comprobamos que el mercado ha confirmado la tendencia del cambio de precio, se deben materializar las transacciones en esa misma dirección. El mercado mantendrá el rumbo hasta agotar su inercia. Toda la ciencia residirá, entonces, en acertar el momento adecuado de compra. Lo que sí es impredecible es cuánto durará la inercia, y a qué precio alcanzará su madurez. De ahí la importancia de entrar en posición apenas se obtenga la señal de compra.

4. No sobretransar

Uno de los errores más comunes es la sobretransacción. Como lo comentáramos anteriormente, existe el peligro de caer en un análisis de muy corto plazo al utilizar indicadores que dan señales de compra y de venta muy seguido. El mercado chileno se caracteriza por su alta volatilidad, y es fácil caer en un ritmo de compras y ventas demasiado frecuente, lo que a la larga, hará ganar mayoritariamente a quienes les pagamos comisiones para operar. Cuidado con crear nuestro propio monstruo, procesar exceso de información y calcular más herramientas estadísticas que las necesarias. Los principios básicos no se deben perder de vista, ya que, finalmente, el juego de la Bolsa sigue siendo en su esencia muy simple: comprar a un determinado precio y vender a otro precio más alto. Cualquiera puede usar el análisis técnico, pero pocos llegan a entenderlo cabalmente.

5. Desarrollar la virtud de la paciencia

La virtud de la paciencia todos la conocen, pero pocos aprenden a practicarla. Aplicar realmente la paciencia es la parte más dura, pero sin duda, la más importante. Uno puede estudiar libros completos y asistir a conferencias acerca de cómo ser un inversionista con éxito, pero es en la espera paciente donde se materializan las mayores utilidades. Nadie puede enseñar la paciencia, y solamente uno puede ser su propio instructor a este respecto.

6. No cortar los botones de su jardín antes que florezcan

La única manera de ganar buenas rentabilidades es cultivar posiciones ganadoras. Si se cortan en forma prematura, nunca podrá tener la oportunidad de verlas dar el máximo de rentabilidad. La estrategia de rematar una posición ganadora para ir en busca de otra, implica un riesgo adicional al salir al encuentro de ella en el mercado. Si usted ya tiene una acción ganadora, cultívela, y le dará mayores resultados que desecharla por otra. Una estrategia astuta sería entonces cortar las malezas, o acciones estancadas, y abonar las que están llenas de botones de flores. Si cortamos siempre las flores de nuestro jardín, terminaremos cultivando sólo malezas.

7. No limitar los precios, ni en la compra ni en la venta

Todas las órdenes, tanto de compra como de venta, deben ser dadas a precio de mercado. Una vez que se determina

223

que una acción está en condiciones de ser comprada, porque iniciará su ciclo ascendente, lo importante es comprarla al precio de ese momento, sin ponerle límites. Lo mismo ocurrirá si queremos liquidar una posición; debe hacerse a precio de mercado. Es más importante lograr una posición, que quedarse fuera, porque no se dio el precio esperado o salirse de una posición, si el precio se desploma, que quedarse adentro, porque no pudo vender al precio esperado.

Muchas personas son partidarias de poner límites a los precios, pero la verdad es que, esto implicaría que el "especulador" conoce de antemano cómo se moverá el mercado, lo cual es absurdo. El mercado hará siempre lo que debe hacer, sin importarle a quien deba aplastar. Sólo se requiere tener confianza en el corredor de Bolsa que nos atiende, y dar órdenes a precio de mercado. Si se dispone de información continua se puede saber a qué precio se dio la orden, y luego comprobar que el precio al cual se hizo nuestra transacción sea cercano al de esa hora. En todo caso, la relación con el corredor de Bolsa debe ser básicamente de confianza.

8. Otorgarse una recompensa tangible, si triunfa

Cuando se hacen bien las cosas, es importante otorgarse una recompensa. Pero dicha recompensa debe ser traducida a cosas tangibles. Más dinero en la cuenta de transacciones no es un ítem tangible. Tomar una merecidas vacaciones, comprarse algún objeto añorado, o cambiar el auto, sí es una recompensa tangible. No se considera una recompensa el tomar más riesgo transando ese dinero en acciones. Recuerde que la única forma de no estar expuesto al riesgo, es no estar posicionado.

Se sugiere que cuando logre ganar en una transacción, separe una porción de las ganancias, 10% por ejemplo y póngala en una cuenta separada.

La ironía de este negocio hace que el peor especulador, que ha fracasado en el mercado, para reponerse se tome vacaciones que no puede costear. Con esto no hace sino acelerar su bancarrota.

9. No sobrediversificar la cartera

Se han realizado varios estudios de diversificación de las carteras para minimizar el riesgo, y todos concluyen que el número mínimo razonable, que es cercano al riesgo de un portfolio extremadamente diversificado, es de 5 títulos. Jack Gaumitz, en su tesis de doctorado en la Universidad de Stanford, en 1967, concluyó que el riesgo de un portfolio diversificado de acciones llega a valores asintóticos en un número de 18 acciones. Otro estudio realizado por John Evans, de la Universidad de Washington, en 1968, concluyó que un porfolio de 5 acciones, tenía el mismo riesgo que porfolios de hasta 60 acciones.

En el seminario entregado por la Wharton School, en Santiago, en Julio de 1995, por el profesor Jeffrey F. Jaffe, se demostró que el riesgo de un portfolio de 5 acciones es 25, medido como desviación standard, y para 1000 acciones era 20. Es decir, el riesgo sólo se disminuía en un 20% al aumentar la diversificación en 200 veces. Por lo tanto, se concluye que es preferible diversificar el portfolio en pocas acciones elegidas en diferentes áreas de negocios, pero bien pastoreadas.

Actualmente, con la tecnología de software disponible para la administración de carteras, es fácil caer en la tentación de invertir en un número elevado de diferentes acciones, lo cual al final de cuentas, es innecesario si se quiere diversificar el riesgo. Si se siguen todas las favoritas, pero se invierte en tan sólo un número fijo de ellas, por ejemplo 10, no podrá evitarse que más de alguna que no hayamos elegido para nuestro portfolio saltará repentinamente hacia un precio máximo impredecible. Humanamente darán ganas de estar en todas las acciones que el procedimiento que estemos aplicando nos indique, puesto que no podremos saber cuál de todas ellas será *caballito de oro*; pero, por otra parte, sabremos racionalmente que no es necesario estar en todas. Se recomienda entonces manejarse tratando de tener en cartera las acciones más atractivas en torno a un número entre 5 a 10 máximo, elegidas en distintos sectores de actividad.

10. No desesperar, siempre habrán nuevas oportunidades

Muchas veces nos habrá ocurrido que por las más distintas razones nos quedamos fuera del mercado y no alcanzamos a tomar una posición de compra, justo en aquella acción que era seguro que evolucionara al alza. Nos diremos que una vez más la Ley de Murphy se ha ensañado con nosotros, mientras vemos amurrados como todos los demás que compraron, celebran su decisión. También sentiremos que nos hemos perdido la última oportunidad de subirnos al carro del triunfo. En verdad, todo lo anterior no es más que la expresión de la trampa de las emociones, ya que siempre habrá en el mercado nuevas oportunidades iguales o mejores que las que no pudimos aprovechar. Todos los días nacen nuevos ciclos de acciones con inercia al alza, y aunque el desempeño general de la Bolsa sea boyante o escuálido, nunca dejarán de existir ciclos ya que, debido a su naturaleza, definitivamente éste es un juego que no podrá terminar jamás.

SEXTA PARTE

CONCLUSIONES

Capítulo XXVII

RESUMEN Y CONCLUSIONES

Como lo habremos experimentado, si optamos por vivir dentro de la organización de la sociedad y sus reglas, nos veremos ineludiblemente involucrados con el tema del dinero, y siempre requeriremos finalmente de éste, como medio de intercambio de bienes y servicios. De acuerdo a lo anterior, más vale intentar desarrollar nuestra relación con el dinero de la manera más provechosa e inteligente posible.

En nuestra cultura se encuentra arraigado un concepto peyorativo sobre la acumulación de dinero y más aún, acerca de la especulación. Este concepto tiene su origen en la influencia de la tradición bíblica. Pero podemos observar que si bien las palabras de Jesús contienen muchas afirmaciones de crítica sobre la riqueza y las posesiones materiales, El no condenaba la riqueza ni a los ricos como tales, sino que condenaba el apego desmedido a la riqueza, que hacía que las personas se olvidaran de todo principio ético con sus semejantes. La renuncia a la riqueza no es el mandato, sino ponerla al servicio de las necesidades de los demás.

La riqueza se suele expresar como la acumulación de dinero o bienes equivalentes. El dinero simboliza el fruto del esfuerzo humano. Nos puede permitir hacer cosas que no se pueden comprar con él, como por ejemplo otorgarnos libertad. El tener la libertad e independencia para ganar el sustento diario es el lujo más grande al cual se puede aspirar. El verdadero millonario es aquél cuyo capital o renta no depende de nadie, y es suficiente para satisfacer sus necesidades y aspiraciones.

El éxito, la fama, el dinero o el poder, tienen en común la propiedad de no garantizar una genuina satisfacción. El afán por conseguir acumular dinero sólo tendrá sentido si éste contribuye a lograr la paz y la felicidad.

El dinero tiene la extraña cualidad de cambiar su valor para las personas. Habrá veces que perdemos el sentido de su cantidad y consideramos que U$1000 puede ser una cantidad poco importante, como también puede ocurrir otras veces que consideremos que es una suma enorme. En todo caso siempre es aconsejable tener el debido respeto por el dinero, porque es trabajo y energía condensada en esa forma.

La capacidad de generar ingresos mediante el trabajo es una condición propia de todas las personas y es el vehículo de su realización. La única fuente legítima de que dispone un individuo para acumular dinero es su capacidad de trabajo y, en función de éste, su capacidad de ahorro. Pero lo más interesante es darnos cuenta de que para lograrlo debemos hacerlo a través de la utilización de nuestro cuerpo. Sin duda el capital más importante, que tenemos a nuestra disposición, es éste. Sólo a través de él podremos desarrollar la capacidad de trabajo, la capacidad cognoscitiva de nuestra mente, y el desarrollo espiritual para la realización de nuestro ser, en todos sus planos.

Para la persona que haya comprendido el poder multiplicador del ahorro, pero se contenta con rentabilidades razonables, la mejor opción de ahorro de largo plazo, sin lugar a dudas, es colocar el dinero en un Fondo Mutuo Accionario, el cual posiblemente tendrá sus oscilaciones a través del período; pero como se trata de plazos largos, las posibles fluctuaciones que se presenten, no lograrán afectar la rentabilidad al final del período. Siempre se comete el error de trasladar el concepto de riesgo de los Fondos Mutuos Accionarios en el corto plazo a objetivos de largo plazo, lo cual no es aplicable.

Sería muy recomendable que en los colegios se enseñara a nuestros hijos los conceptos acerca del dinero y el ahorro, respetando una visión integral del real significado para el ser humano. Tengo la esperanza de que a lo menos mis hijos tomen conciencia del valor del ahorro, porque la componente del tiempo tanto como la tasa de interés son importantes, con la diferencia de que el tiempo transcurre sin esfuerzo, pero sí que se requiere de afán para incrementar la tasa de interés. Cuando el tiempo se ha ido, hemos desperdiciado el potencial de nuestro aliado natural, y ya poco se puede hacer para recuperarlo.

Como quiera que sea, los jóvenes no deberían dejar pasar el tiempo y no ahorrar, salvo que decidan no hacerlo en forma plenamente consciente de la trascendencia que tendrá esta decisión en su futuro.

La persona que quiera optar con su capital a rentabilidades mayores y se apasione administrando sus propios ahorros, debe atreverse a "jugar" a la Bolsa, pero con riesgo controlado.

La Bolsa jamás debería considerarse como una opción de obtener ganancias fáciles confiando en la suerte. Para esos propósitos existen otros lugares llamados Casinos de Juego. Si uno considerara la Bolsa como un casino, entonces estaríamos enfrente a un evento probabilístico de obtener cara o cruz, como sucede en el lanzamiento de una moneda. Si especulamos en una acción sin tener suficiente información, ya sea fundamental o técnica, estaremos transformando la Bolsa en un juego de azar al igual que el lanzamiento de la moneda. La acción podrá subir o podrá bajar, es decir las probabilidades de perder son iguales a las de ganar. De lo que se trata, entonces, es de desplazar las probabilidades a nuestro favor mediante el uso de información estadística acerca de la acción que deseamos comprar, de modo que, a partir del momento de su adquisición, ésta tenga una inercia al alza que nos permita venderla a un precio mayor, otorgándonos ganancias. Contrariamente a la creencia popular, para obtener ganancias no es necesario conocer el precio que tendrá una acción en el futuro, sólo interesa determinar su inercia al alza, nada más.

Como hemos visto, el análisis técnico es el arte de rastrear en el mercado los movimientos causados por otros, siguiendo las huellas que dejan a su paso, mediante el seguimiento de la evolución del precio de las acciones y sus volúmenes transados. Los que causan los verdaderos movimientos del mercado son los profesionales fundamentalistas, y quienes siguen esos movimientos que ellos nos han causado, son los tecnicistas.

La Bolsa es un fenómeno social en el cual participan fuertemente las emociones, al momento del remate de las acciones. Los individuos se sumarán a la euforia del alza impulsándolas más arriba aún de su verdadero valor, o se sumarán al pánico de venta, para ponerse a salvo frente a una caída del precio, acelerando aún más su caída.

Pero a pesar de su nombre, la Bolsa no debe analizarse como una bolsa o conjunto de acciones sino a partir de cada acción en particular.

No existe método alguno para predecir el futuro de los precios de la Bolsa, porque nada puede impedir que el mercado pulse y oscile, pero sí existe un método que permite seguir al mercado con altas probabilidades de marginar a favor.

El Análisis Técnico provee información en forma eficiente, por el solo hecho de basarse en que los acontecimientos relevantes y planes de las empresas se reflejan más temprano que tarde en el precio de sus acciones. La observación cuidadosa del comportamiento del precio permitirá tomar decisiones de compra estudiadas, y con mayores probabilidades de obtener ganancias. Este tipo de análisis no es especulativo.

El precio al cual un inversionista desea comprar o vender una acción dependerá de las expectativas que él tenga del comportamiento de esa acción en particular. Este simple hecho hace que la predicción del precio de una acción sea un desafío enorme, ya que estará dependiendo de las expectativas humanas, que, por supuesto, no son las mismas para todos los inversionistas y especuladores.

Considerando que el mercado bursátil es el equilibrio perfecto de la oferta y la demanda, los ciclos son una realidad indesmentible. Una de las leyes de la historia de la Bolsa es que no se produce nunca una catástrofe bursátil de gran nivel que no haya sido precedida de un período de un auge excepcional. La única forma de descubrir tales períodos es desarrollando una serie de tiempo.

La clave para triunfar reside en establecer un procedimiento estable en el tiempo y aplicarlo en forma rigurosa, para de esta forma aplacar el más feroz enemigo de uno, sus propias emociones. El "especulador" cuidadoso debiera comenzar a comprar recién en la primera fase de alza, cuando ya se ha confirmado la tendencia alcista. Luego deja correr los acontecimientos y comienza a vender cuando el movimiento de alza parece eufórico, terminando de vender cuando los precios hayan confirmado la expiración de su ciclo alcista. Lo anterior aparece como un proceso muy simple, pero en la realidad no lo es. Sin la ayuda del análisis técnico, esta actitud es muy difícil de lograr.

En este contexto, el juego de la Bolsa consistirá en traspasar la ganancia virtual hacia el mundo físico tangible. Mientras eso no se logre, todas las ganancias que se puedan calcular son imaginarias, y para todos los efectos prácticos, no cuentan.

Las herramientas del análisis técnico bursátil han permitido cambiar las características que debe tener el especulador y simplifica su perfil, haciéndolo más semejante al individuo normal.

El especulador moderno, el que utiliza el análisis técnico bursátil, tiene la tranquilidad de que no requiere analizar los balances ni estados financieros de las empresas, ni visitar a su corredor para saber los últimos rumores, porque estará convencido de que cualquier movimiento subterráneo, más pronto que tarde, se verá reflejado en el precio de las acciones y, en consecuencia, a través de indicadores estadísticos podrá detectarlo, y finalmente determinar si es momento de comprar o de vender.

La característica fundamental que debe tener el especulador moderno es la perseverancia y rigurosidad para seguir un procedimiento en forma sistemática y no violar las reglas establecidas, con impulsos emocionales.

De acuerdo a mi experiencia, sólo una minoría de analistas técnicos logra determinar los precios futuros en forma consistente y clara. Sin embargo, en cualquier situación, el análisis técnico puede ser utilizado para reducir el riesgo al invertir en la Bolsa y mejorar las probabilidades de obtener ganancias.

Los tecnicistas, hoy en día, han alcanzado su madurez, gracias a la computación y a softwares amigables que despliegan con un mínimo de esfuerzo, toda clase de indicadores que permiten hacer a tiempo los análisis requeridos para tomar decisiones bursátiles.

Los avances tecnológicos en herramientas computacionales amigables están abriendo un nuevo horizonte a la ciencia bursátil y terminarán por conferir una nueva dinámica a esta área de negocios, permitiendo la participación activa de un gran número de "especuladores modernos".

Sin perjuicio de lo anterior, la existencia de los computadores ha creado una extraña paradoja de conocimiento. Por una parte, los softwares y hardwares disponibles para el juego de la Bolsa hacen muy fácil la tarea de manejar estadísticamente los datos, pero, por otra parte, el público general podría atemorizarse frente a estas herramientas, y a menos que sea especialista en estas materias, encontrarse desorientado respecto a cómo utilizarlas efectivamente para hacer transacciones con éxito. El propósito de este libro es acercar al inversionista al uso eficiente de los conceptos y herramientas del análisis técnico bursátil, que aquí hemos procurado aclarar.

Cuidado con el software **MetaStock** porque produce "adicción". Una vez que se comienza a formar la base de datos no se puede interrumpir, como tampoco se puede uno sustraer a la tentación de saber cómo va evolucionando la curva febril de cada acción. También es cierto que para el iniciado que se atreva a poner su capital en una decisión obtenida luego de sus primeros análisis, sentirá algo muy parecido al vértigo. Esta sensación irá pasando en la medida en que descubra el secreto de la inercia del mercado y aprenda a fluir con él.

Estoy consciente de que al escribir este libro me expongo a la pregunta obvia: "¿Si habla tanto acerca del dinero, podríamos pensar que usted ha acumulado ya una fortuna?". La respuesta es no aún, porque he estado en la misma condición de inconciencia, sumergido en la maraña cotidiana y ocupado trabajando, como la gran mayoría de las personas.

¡He estado tan ocupado trabajando, que no he tenido tiempo de ganar dinero! Me tomó casi 15 años madurar los conceptos aquí expuestos, a través de vivencias personales. Prefiero compartirlos para que sean utilizados desde ya por quienes deseen ponerlos en práctica, y no esperar a acumular una gran cantidad de dinero para demostrar que los planteamientos entregados en este libro son legítimos. Que el propio lector juzgue y saque sus conclusiones.

Tal como se expuso, la ambición ciega por el dinero no tiene sentido si no se enmarca dentro de una ética y con el propósito de compartir las ganancias especialmente obtenidas por especulación, en el desenvolvimiento de nuestras actividades diarias. La especulación es una actividad que por sí misma produce beneficios marginales para la sociedad, ya que permite obtener ventaja de las posiciones de precios de las acciones, "sin producir" en la forma tradicional un bien físico o un servicio tangible. Por supuesto, no podemos dejar de reconocer que la especulación aporta un capital golondrina al sistema permitiendo el financiamiento y crecimiento de las empresas de las que se compran acciones, lo cual es beneficioso y, por otra parte, también le otorga mayor liquidez al sistema.

Una manera de conciliar esta forma de acumular dinero con la ética social, podría ser por ejemplo comprometerse en forma generosa y activa en compartir el 10% de las ganancias obtenidas mediante la especulación, y distribuirlas al sistema a través de las diferentes situaciones que nos toca vivir a diario de acuerdo a la sensibilidad de cada cual.

El desafío está lanzado. Aquí tiene el lector una herramienta en sus manos con la cual, si se esmera y persevera, puede vencer en la contienda bursátil y acumular dinero. Recuerde la diferencia entre ser rico y tener dinero.

Esta es una invitación para comprometerse en forma voluntaria a devolver una parte al sistema. Una de las leyes más misteriosas del éxito consiste en dar a los otros una parte de las propias ganancias. Los hombres más ricos del mundo se han convertido, tarde o temprano en filántropos, como lo muestra la historia de sus vidas. El dinero por definición debe circular, ser redistribuido.

Debo agregar, finalmente, que, si tan sólo una persona de todos los que triunfen en la contienda bursátil, se compromete con el desafío de compartir, entonces el propósito de este libro habrá tenido plenamente sentido.

Lo último que me queda por decir, es algo que debe ser evidente para cualquier lector. Lo que he escrito, en su mayor parte no ha salido de mi mente sino de muchas fuentes. Aparte de algunos comentarios por los cuales asumo la responsabilidad correspondiente, todo lo demás proviene de otros intelectos que han sido los que realmente tienen el mérito, siendo mi principal labor la de haber dado coherencia a esta presentación. Quiero reconocer mi deuda intelectual con las siguientes personas: André Kostolany, Héctor Orrego L., Robert Gnuse, Bob y Emily Barnes, Roberto de Andraca B., Steve Achelis, Joseph Granville, Martin Pring, William Eng, Nicolas Darvas, Carol Keeffe, George Trench, y José Manuel Carvallo.

BIBLIOGRAFIA

Achelis, Steve. *Análisis Técnico. De la A a la Z*, Probus, U.S.A., 1995.

Allen, Edward. *Zen in the Markets*, Warner Books, Chicago, 1992.

Amat, Oriol-Puig, Xavier. *Análisis Técnico Bursátil*, Ed. Gestión, España, 1989.

Astorquiza, Patricio. *Capitalismo e Iglesia*, Ed. Gestión, Chile, 1993.

Barnes, Bob & Emily. *The money manager*, Harvest House Publ., Oregon, 1993.

Bennett, Williams. *El Libro de las Virtudes*, J. Vergara Editor, Buenos Aires, 1995.

Bloch, Arthur. E. *Libro Completo de las leyes de Murphy*, Ed. Diana, México, 1992.

Brealy, Myers. *Principios de Finanzas Corporativas*, Ed. Mc Graw Hill, México, 1991.

Briggs, J.-Peat, F.D. *Espejo y Reflejo: del caos al orden*, Gedisa Editora, Barcelona, 1990.

Butterworth, Eric. *Spirituals Economics*, Unity Books Editores, Canadá, 1983.

Darvas, Nicolas. *How I Made $2,000,000 in the Stock Market*, Lyle Stuar Inc., Ontario, Canadá, 1971.

Elton / Gruber. *Modern Portfolio Theory and Investment Analysis*, John Wiley & Sons, Inc. U.S.A., 1995.

Eng, William F. *Trading Rules, strategies for succes*, Woodhead Publishing Ltd., Inglaterra, 1990.

Equis International. *Metastock, User's Manual for Superior Technical Analysis*, Equis International, Salt Lake City, 1992.

Gnuse, Robert. *Comunidad y Propiedad en la Tradición Bíblica*, Verbo Divino Editorial, España, 1987.

Granville, Joseph. *New Strategy of daily Stock Market Timing*, Prentice Hall, Englewood, 1960.

Hall, Alvin D. *Getting Started in Stocks*, John Wiley & Sons, Inc. Canadá, 1992.

Hangstrom, Robert. *The Warren Buffet way*, John Wiley & Sons, Inc. U.S.A., 1994.

Horton y Hunt. *Sociología*, Ed. Mc Graw Hill, México, 1994.

Jablanczy, Adrienne. *La Bolsa*, Acento Editorial, España, 1994.

Keeffe, Carol. *Cómo obtener lo que Ud. quiere con el dinero que tiene*, Editorial Norma, Colombia, 1995.

Kostolany, André. *El fabuloso mundo del dinero y la Bolsa*, Editorial Planeta, Argentina, 1985.

Kostolany, André. *Estrategia bursátil*, Editorial Planeta, España, 1987.

La Santa Biblia.

Leigh, Norman. *Trece contra la banca*, Editorial Pomaire S.A., Argentina, 1997.

Lewis, Michael. *El Póker del mentiroso*, Ariel, Barcelona, 1990.

Little, Jeffrey B. *Cómo entender a Wall Street*, Ed. Mac Graw Hill, México, 1991.

Lynch, Peter. *One up on Wall Street*, Penguins Books, U.S.A., 1990.

Orrego, Héctor. *Currículum Vitae*, Editorial Cuatro Vientos, Chile, 1994.

Pistolese, Clifford. *Using Technical Analysis*, Probus Ed., Chicago, 1994.

Poissant, Ch. y Godefroy, Ch. *Les dix hommes les plus riches du monde*, Ediciones Urano, Barcelona, 1994.

Pring, Martin. *Technical Analysis Explained*, Ed. Mc Graw Hill, Inc. U.S.A., 1980.

Ribeiro, Lair. *La Prosperidad*, Ediciones Urano, Barcelona, 1994.

Rolo, Charles. Nelson, George. *The anatomy of Wall Street*, J.B. Lippincott Company, U.S.A., 1967.

Schwarz, Ruth. *Idolatría del poder o reconocimiento*, Grupo Ed. Latino, Argentina, 1989.

Soros, George. *The Alchemy of Finance*, John Wiley & Sons, Inc. U.S.A., 1994.

Spiegel, Murray. *Estadística*, Ed. Mc Graw Hill, México, 1991.

Wattles, Wallace. Powell, Judith. *The Science of getting rich*, Top of the Mountain Publishing, U.S.A., 1993.

Wilde, Stuart. *The trick to money is having some*, White Dove International, Inc., U.S.A., 1989.

LIBROS RECOMENDADOS

- Piense y Hágase Rico, Napoleon Hill

- El Sistema Para Alcanzar El Exito Que Nunca Falla,
  W. Clement Stone

- La Ciencia de Hacerse Rico, Wallace D. Wattles

- El Hombre Mas Rico de Babilonia, George S. Clason

- El Secreto Mas Raro, Earl Nightingale

- El Arte de la Guerra, Sun Tzu

- Cómo Gané $2,000,000 en la Bolsa, Nicolas Darvas

- Como un Hombre Piensa Asi es Su Vida, James Allen

- El Poder De La Mente Subconsciente, Dr. Joseph Murphy

- La Llave Maestra, Charles F. Haanel

- Analisis Tecnico de la Tendencia de los Valores,
  Robert D. Edwards - John Magee

Disponibles en www.bnpublishing.net

CPSIA information can be obtained at www.ICGtesting.com
Printed in the USA
BVOW09s0208030815

411534BV00004B/10/P

9 789562 012829